RAPPORT

SUR

LES FINANCES DE PORTUGAL

PRÉSENTÉ

AU PARLEMENT PORTUGAIS

PAR

SON EXCELLENCE M. LE CONSEILLER RODRIGO AFFONSO PEQUITO

LE 5 OCTOBRE 1904

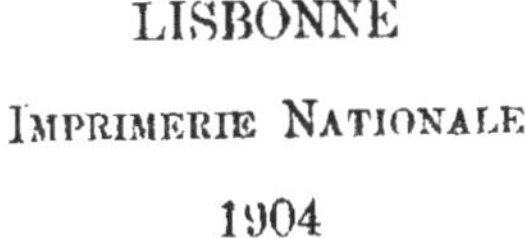

LISBONNE

IMPRIMERIE NATIONALE

1904

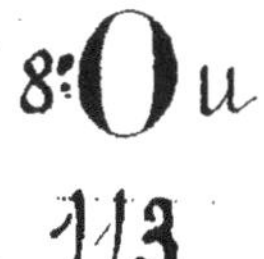

RAPPORT

SUR

LES FINANCES DE PORTUGAL

PRÉSENTÉ

AU PARLEMENT PORTUGAIS

PAR

SON EXCELLENCE M. LE CONSEILLER RODRIGO AFFONSO PEQUITO

LE 5 OCTOBRE 1904

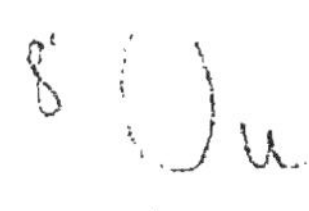

LISBONNE

Imprimerie Nationale

1904

RAPPORT

MESSIEURS,

Dans l'accomplissement de mon devoir, je viens vous exposer la situation des finances publiques et vous indiquer les propositions que j'ai l'honneur de soumettre à votre illustre appréciation.

Pour nous faire rapidement une idée du grand développement qui a pris cette branche de l'administration de l'Etat, nous examinerons à longs traits, par exercices complets, la dernière période de trente années.

Les recettes et dépenses, ordinaires et extraordinaires, qui nous vous indiquons à la suite, ne comprennent pas d'emprunts, ni vente de titres de la dette publique, ni intérêts des titres au pouvoir du Trésor.

Années	Recette — Contos de réis	Dépenses — Contos de réis	Différence — Contos de réis
1873-1874	21.422	25.703	4.281
1882-1883	29.959	32.455	2.496
1892-1893	39.966	45.591	5.625
1902-1903	50.045	53.908	3.863

Analysons premièrement les recettes:

De 1873-1874 à 1882-1883 la recette passa de 21.422 à 29.959 contos, elle augmenta donc de 8.537 contos ou 39,85 pour cent;

De 1882-1883 à 1892-1893 elle passa de 29.959 à 39.965 contos, augmentant de 10.007 contos ou 33,40 pour cent;

De 1892-1893 à 1902-1903 de 39.966 nous arrivons à 50.045, soit une augmentation de 10.079 contos ou 25,32 pour cent.

Si nous comparons les deux années extrêmes qui limitent la période de trente années, nous voyons que la recette de 21.442 contos realisée en 1873-1874 s'est élevée à 50.045 contos em 1902-1903, ce qui se traduit par une augmentation de 28.623 contos, ou 133,61 pour cent, correspondant à la moyenne annuelle de 954 contos.

Le progrès croissant des recettes publiques, accentué par la forme encourageante qu'indiquent ces chiffres, prouve que les ressources du pays augmentent d'année en année ; aussi ce serait une erreur d'attribuer cette augmentation à l'élévation que, pendant la longue période de trente ans, quelques impôts ont subie, alors qu'elle résulte principalement du développement de la richesse publique.

Faisons, à présent, le détail des recettes et examinons quelques-uns de ces articles.

Années	Impôts directs — Contos de réis	Impôts indirects — Contos de réis	Timbre et enregistrement — Contos de réis	Impôts additionnel — Contos de réis	Somme — Contos de réis
1873-1874............	5.516	11.694	1.760	–	18.970
1882-1883............	6.002	14.393	3.093	846	24.334
1892-1893............	9.788	21.179	3.776	1.233	35.976
1902-1903............	12.382	25.272	5.168	1.066	43.888

Les impôts directs ont augmenté : de 1873-1874 à 1882-1883, 486 contos, ou la différence entre 5.516 et 6.002 contos, ou 8,81 pour cent ; de 1882-1883 à 1892-1893, 3.786 contos, ou la différence entre 6.002 et 9.788 contos, ou 63,08 pour cent, et de 1892-1893 à 1902-1903, 2.594 contos, ou la différence entre 9.788 et 12.382 contos, ou 26,50 pour cent.

Par rapport à la période de trente années les impôts directs ont passé de 5.516 contos en 1873-1874, à 12.382 en 1902-1903, soit une augmentation de 6,867 contos, ou 124,47 pour cent.

Les impôts directs étant ceux qui, par leur incidence, révèlent le mieux l'augmentation de la richesse publique, nous trouvons, dans les chiffres que nous venons d'indiquer la confirmation de l'accroissement successif de cette richesse.

Quant aux impôts indirects, les chiffres disent que de 1873-1874 à 1882-1883 ils ont augmenté de 2.699 contos, somme égale à la différence entre 11.694 de la première période de ces années, et 14.393 de la seconde ou 23,07 pour cent ; de 1882-1883 à 1892-1893, l'augmentation passa de 14.393 à 21.179 ou 6.786 contos, ou 47,15 pour cent ; et de 1892-1893 à 1902-1903, de 21.179 le produit des impôt indirects atteignit 25,272, soit une augmentation de 4.093 contos, ou 19,32 pour cent. Et dans les trente années écoulées de 1873-1874 à 1902-1903 ces impôts s'élevèrent de 11.694 contos à 25,272, soit en plus 13.578 contos, ou 116,11 pour cent.

Les quatre articles de recette indiqués dans le tableau ci-dessus sont ceux qui chargent le contribuable, la capitation a donc été de 8$000 réis environ par habitant dans l'année de 1902-1903.

Passant à l'examen des dépenses nous noterons qu'elles, aussi, ont grandement augmenté, conséquence de la nécessité d'améliorer les services des différents Ministères, l'augmentation de la richesse accompagnant le bien-être social, soit moral, soit matériel.

La dépense, qui en 1873-1874 fut de 25.703 contos, s'est élevée à 32.455 contos em 1882-1883, augmentant ainsi de 6.752 contos ou 26,26 pour cent; en 1892-1893 elle atteignait 45.591 contos, soit une augmentation de 13,136 contos ou 40,47 pour cent par rapport à ce qui elle était dix ans auparavant; et en 1902-1903 elle monte à 53.908 contos, ayant augmenté de 8.317 contos ou 18,24 pour cent comparée avec la dépense de 1892-1893.

Dans les trente années la dépense passe de 25.703 contos à 53.908, elle augmenta donc de 28.205 contos ou 109,73 pour cent, ou 940 contos en moyenne par année.

*

* *

Voyons, dans une période plus récente, comment s'est accentuée l'amélioration de la situation des finances publiques.

Les recettes et dépenses des trois derniers exercices par rapport à celles des trois exercices immédiatement antérieurs, donnent dans leur ensemble, exclus les emprunts, la vente de titres, les intérêts des titres en possession de l'État, l'impôt du revenu, l'apurement suivant, en contos de réis:

	Contos de réis
Recettes — augmentation	6.288
Dépenses — augmentation	832
Différence en faveur des recettes	5.456

Ce chifre indique que la situation s'est améliorée pendant les dernier exercices, il constitue la différence la plus réduite qui ait existé entre les recettes et les dépenses respectives, puisque les *déficits* des exercices que en 1897-1898 à 1899-1900 s'élèvent à la somme de 17.648

baissent de 1900-1901 à 1902-1903 à 12.192

Comme on le voit, l'augmentation des recettes qui fut, dans les recettes ordinaires, de 5.587 contos, et dans les extraordinaires de 701 contos de réis, dont il faut cependant retrancher 832 contos représentant l'augmentation des dépenses, a grandement contribué pour cet important et avantageux résultat.

Dans les dépenses ordinaires l'augmentation a été de 2.906 contos, due à l'augmentation de 1.093 contos dans les charges générales, et de 2.880 contos dans la dette publique consolidée, en plus de 11 contos à la Caisse Générale de Dépôts.

Dans les services des ministères il se présente une réduction importante de 680 contos, et dans les différences de change, excepté celles de la dette publique, une différence de 398 contos, qui viennent en compensation partielle.

La diminution importante que l'on constate dans les dépenses extraordinaires est de 2.074 contos, ce qui, comparant en bloc ces dépenses avec les ordinaires, réduit cette augmentation de 2.906 contos à 832 contos, ainsi que nous l'avons signalé.

Il convient d'avertir que dans ces résultats sont comprises les dépenses de la conversion payées dans le dernier exercice et qui s'élevent à 1,555 contos. Mais si en vertu de leur nature exceptionnelle et unique nous faisons abstraction de ces dépenses, la diminution dans les dépenses extraordinaires sera de 3.629 contos, et l'augmentation de 832 contos, dans le total des dépenses, se transformera en une réduction de 723 contos.

On doit aussi noter que dans l'augmentation de 2.880 contos de la dette publique à la charge de la Jointe, est comprise la somme de 1.425 contos des provenances ci-après : 1.183 contos de suppléments d'intérêts payés dans les exercices de 1900-1901 et 1901-1902, et 242 contos d'intérêts d'un trimestre de la dette externe amortissable, pour lesquelles les échéances qui étaient le 1er avril et le 1er octobre, ont passé, aux termes de la conversion au 1er juillet et 1er janvier de chaque année.

	Contos de réis
De conformité, l'augmentation de la dette publique restera égale à la différence entre ces deux premiers chiffres, ou	1.455
Mais, comme dans l'exercice 1902-1903, le premier de la conversion, on n'a pas payé une somme correspondante au supplément d'intérêt qu'on aurait payé si la conversion ne s'était pas réalisée, nous devons déduire la dite somme, que nous calculons d'après le supplément payé pour l'exercice de 1901-1902, en...........................	884
Et il reste à peine une augmentation de	571

Passons aux résultats obtenus dans les recettes. Dans les recettes ordinaires le résultat provient des classes d'impôts ci-après : impôts directs que figurent avec la somme en plus de 3.626 contos, le timbre et l'enrégistrement avec celle de 485 contos ; impôts indirects qui s'élevent à 2.740 contos, et compènsations de dépenses dans lesquelles il y a aussi une augmentation dè 118 contos.

Ces sommes n'apparaissent pas, cependant, dans leur totalité parce qu'elles se contrebalancent avec les diminutions dans les classes suivantes : impôts additionnels, biens propres nationaux et revenus divers. Dans la première il y a eu une réduction de 97 contos et dans la seconde celle de 1.285 contos.

Nous n'oublierons pas de mettre en évidence, bien que sommairement, les principax revenus qui donnent naissance aux sommes qui figurent dans les recettes.

Il convient les enregistrer, pour la portée qu'elles ont, comme une affirmation éloquente du progrès naturel des revenus publics et de tout ce que l'on peut en espérer, avec des méthodes de fiscalité plus perfectionnées, des procédés de plus équitable distribution de l'impôt.

Ce ne sera pas à mépriser, nonobstant le précieux bénéfice qui pourra subvenir et qu'il est permis d'espérer, de ressources non encore mises à profit et de la continuation progressive du développement économique du pays.

Pour que les sommes que nous prétendons comparer soient homogènes il est nécessaire que nous procédions premièrement à diverses corrections indispensables.

Les augmentations dans les classes de impôts directs et du timbre et de l'enregistrement, de la période des trois derniers exercices, en rélation à la période antérieure, sont exactes dans leur somme totale, cependant la distribution ou la part de cette somme appartenant à chacune de ces deux classes est différente.

Depuis janvier 1902, dans la classe des impôts directs, figurent, en vertu de la disposition de la loi du 14 mars 1901 et le décret respectif du 24 décembre de la même année, sous la rubrique «recette par vente d'estampilles», divers revenus que partiellement ou totalement se recouvraient de la même forme.

Pour ce motif les impôts directs furent augmentés, depuis janvier 1902 jusqu'au 30 septembre 1903, époque pendant laquelle dura le régime, dérogé par l'article 4e de la loi du 27 juin 1903, par les sommes provenant des revenus des estampilles de l'impôt du timbre et du timbre des licences ; qui, jusqu'à cette date s'inscrivaient dans la classe du timbre et de l'enregistrement et dont la somme, dans l'exercice antérieur, de 1900–1901, fut de 947 contos.

De plus, pour la même raison, on n'inscrivit pas, sous l'épigraphe des revenus respectifs à laquelle ils appartenaient, les sommes de la contribution industrielle et décime d'intérêts, pour la part qu'elles furent encaissées au moyen d'estampilles, et les épigraphes qui représentaient les émoluments judiciaires, de matricules et autres disparurent complètement.

Seuls les émoluments consulaires ont continué à être séparés, vu que dans les cofres respectifs il n'y avait pas d'autres revenus auxquels ils auraient pu être incorporés.

Nous rétablirons, donc, autant que possible, les recettes de ces revenus, comme si le régime établi par les diplômes de 1901 n'avaient pas existé.

A cet effet nous diminuerons de la perception de la recette des estampilles ce que sera nécessaire pour que les revenus entrés en caisse par ce moyen restent, dans chacun des exercices de 1901–1902 et 1902–1903, égaux a ceux des exercices de 1900–1901, portant la différence au compte de l'impôt du timbre et du timbre des licences.

C'est une correction incomplète, nous le savons bien, parce qu'elle ne laisse pas paraître l'augmentation ou la diminution qui, peut-être, aura existé par rapport à chaque rendement, dans le recouvrement effectué au moyen d'estampilles; mais avec les éléments qui existent, on ne peut, présentement, faire mieux. De plus le laps de temps est si court, que les variations, qui se sont produites, pourront peu influer dans le résultat de nos appréciations.

La correction faite, dans le sens que nous indiquons, l'augmentation des impôts indirects est de 2.107 contos, et celle de la classe du timbre et de l'enrégistrement de 2.094 contos. Dans la première de ces sommes figure la contribution industrielle avec un augmentation de 284 contos; la contribution somptuaire avec 142 contos et celle de la rente des maisons avec 632 contos d'augmentation. Dans l'impôt sur le revenu, comparaison faite, on enrégistre de plus 454 contos, exclusion faite, cela se voit, de tout ce qui a été inscrit provenant des titres au pouvoir du Trésor; et dans les droits de grâce la perception s'est élevée à plus de 273 contos.

D'autres altérations, en plus ou en moins, mais d'importance rélativement secondaire, donnent la différence indiquée dans les impôts directs.

Une diminution ne doit pas cependant passer inaperçue, qui, bien qu'elle soit très limitée, est cependant très significative — nous nous référons à celle de 5:624$857 réis dans la perception de la contribution prédiale. Cette diminution n'a pas besoin de commentaires et elle justifie grandement toutes les mesures qui, depuis 1899, ont été prises relativement à cette contribution.

Dans la classe des impôts du timbre et de l'enregistrement, le premier est répresenté par plus de 957 contos et la contribution de registre par plus de 1.024 contos. Dans le revenu des loteries il y a aussi l'appréciable augmentation de 113 contos.

La différence indiquée des 957 contos de l'impôt du timbre, résulte, c'est clair, des rectifications auxquelles nous faisons allusion.

C'est la classe des impôts indirects qui, d'une façon absolue, présente la plus grande augmentation, d'une importance de 2.740 contos, et dans laquelle les oscillations du rendement sont les plus notables, autant en plus comme en moins. Les droits d'importation sur les céréales et l'impôt de production sur les alcools et eaux-de-vie baissèrent de 1.637 contos, soit 792 contos pour les céréales et 845 contos pour les alcools. Au contraire les droits d'importation de divers produits et marchandises accusent une différence en plus de 3.668 contos, 130 contos et 243 contos respectivement.

La cause immédiate et principale de la diminution apparente de 1.285 contos dans la classe des «biens propres nationaux et revenus divers», se trouve dans la promulgation de la loi du 14 juillet 1899. Cette loi, inaugurant un nouveau système d'administration des chemins de fer de l'État, leur créa sur un fond spécial et propre, constitué, dans la plus grande partie, par les recettes des lignes respectives, ce qui fait que dans les comptes, figure seulement l'importance de la quote-part fixe qui aux termes de la même loi appartient à l'État, ou la somme annuelle de 750 contos.

De la diminution de 2.427 contos dans le produit de ce revenu, dans les trois derniers exercices, en rélation aux trois immédiatement antérieurs.

Une autre différence, également importante, est celle de 810 contos, provenant du remboursement des emprunts faits aux banques de Porto. Elle résulte du remboursement fait à l'État, en vertu du contrat célébré le 21 mai 1900, des crédits qu'il avait sur les dites banques, recevant une partie effective et l'autre en obligations de la Compagnie des docks et chemins de fer péninsulaires.

Pour ce motif la somme de 270 contos qui était perçue sous cette dénomination, cesse de paraître dans les comptes de chacun des trois derniers exercices.

Ces deux différences, d'un total de 3.237 contos, ont été en partie balancées par les augmentations qui se sont produites dans d'autres articles, desquels nous détacherons: le partage des bénéfices avec la Banque de Portugal qui s'est accrue de 300 contos, environ, et la part qui revient à l'État dans les bénéfices de la Compagnie des Tabacs qui dépassa 700 contos dans la seconde période de trois exercices.

Nous ferons remarquer que la véritable diminution dans cette classe est de 1.057 contos.

Dans les exercices de 1897–1898 a 1899–1900, on a perçu, pour les dépenses militaires, la somme de 228 contos de plus que dans les trois derniers exercices.

Or, comme ces recettes ont une affectation spéciale, elles ne figurent pas dans le budget, elles apparaissent dans les comptes, seulement, en importance correspondante à celle inscrite en dépense; et, de cette manière, elles n'influent en rien sur la balance générale de l'exercice.

Il n'en est pas de même, cependant, si nous considérons uniquement, les rendements d'une période ou exercice, en comparaison avec ceux d'autres exercices, parce que, dans ce cas, ces recettes doivent être égalisées pour ne pas altérer les totaux et par conséquent les résultats de leur corrélation.

Donc, retranchant de la différence générale de cette classe, cette somme de 228 contos, nous obtiendrons le chiffre indiqué de 1.057 contos.

D'importantes altérations se sont aussi produites dans la classe de «compensations de dépenses».

Les diminutions saillantes sont dans les articles d'impôts additionnels aux contributions de l'État, et de subsides par le cofre des revenus des convents de réligieuses supprimés. La première diminution accuse, au moins, 104 contos et la seconde 101 contos, ou au total 205 contos.

D'autres compensations qui n'existaient pas dans la période de 1897–1898 a 1899–1900 et diverses modifications, corrigent, cependant, non seulement ces sommes en moins, mais donnent aussi le solde indiqué. Ces compensations sont: recette, aux termes de l'alinea *d)* de l'article 20 de la loi du 14 mai 1902, charges de l'emprunt pour les routes, de l'importance de 100 contos; l'additionnel récemment établi pour le fond général des quotes-parts, de l'importance de 125 contos, aux termes de l'article 3 de la même loi; et l'importance de 12 contos pour la perception des contributions qui appartiennent à la Junte Générale du district du Funchal, en conformité des dispositions du décret du 10 octobre 1902.

A l'aide des trois tableaux qui suivent on examinera mieux ce que nous venons de dire.

TABLEAUX 1, 2, 3.

TABLEAU 1.

Recettes e dépenses ordinaires et extraordinaires (totaux)

	Exercices			Total	Exercices			Total
	1897-1898	1898-1899	1899-1900		1900-1901	1901-1902	1902-1903	
Recettes								
Ordinaires :								
Impôts directs	11.668:182$581	11.844:992$968	12.543:227$808	36.056:403$357	13.133:807$486	13.621:613$151	14.214:257$390	40.969:678$027
Timbre et enregistrement	5.866:020$105	5.520:489$314	5.901:378$859	16.787:888$278	6.220:280$238	5.884:877$929	5.168:019$865	17.273:178$032
Impôts indirects	22.253:718$274	23.613:935$431	25.165:052$284	71.032:705$989	25.286:095$994	23.215:138$875	25.271:853$784	73.773:088$653
Impôts additionnels	1.113:508$173	1.101:435$048	1.118:633$808	3.333:577$029	1.093.572$941	1.076:920$428	1.065:917$877	3.236:411$246
Biens propres et revenus divers	5.222:388$149	5.182:576$591	3.834:555$876	14.239:520$919	4.085:880$898	4.143:983$357	4.724:264$103	12.954:128$358
Compensation de dépense	3.076:734$751	3.191:974$636	4.415:008$276	10.683:717$663	4.407:312$172	4.333.920$310	4.861:914$794	13.603:147$276
Total	48.700:552$833	50.455:403$991	52.977:856$911	152.133:813$235	54.226:949$729	52.276:454$050	55.306:227$813	161.809:631$592
Extraordinaires	2.589:015$686	2.864:360$140	1.648:755$870	7.102:131$696	1.709:849$762	863:614$879	5.064:049$626	7.637:514$267
Totaux	51.289:568$019	53.319:764$131	54.626:612$781	159.235:944$931	55.936:799$491	53.140:068$929	60.370:277$439	169.447:145$859
Dépenses								
Ordinaires :								
Charges générales	9.416:357$347	9.958:735$287	9.484:290$963	28.859:383$597	9.792:505$754	10.283:406$959	9.877:051$183	29.952:963$896
Dette publique consolidée	17.779:853$910	18.003:687$301	20.025:584$410	55.809:125$621	20.337:290$786	21.358:484$637	21.082:630$665	62.778:406$088
Service propre des ministères	23.401:431$667	23.167:015$851	24.851:329$791	71.419:777$312	22.819:023$270	23.679:250$857	24.241:266$589	70.739:540$716
Différences de change, en plus de ceux de la dette publique	500:000$000	500:000$000	500:000$000	1.500:000$000	500:000$000	202:301$378	399:666$664	1.101:968$042
Caisse Générale de Dépôts, etc.	50:192$576	50:377$698	50:637$112	151:507$381	55:000$486	51:536$234	52:445$587	161:991$307
Total	51.148:135$500	51.679:816$135	51.911:842$276	157.739:793$911	53.503:829$296	55.577:980$065	55.653:060$688	164.734:870$049
Extraordinaires	4.952:915$060	3.509:795$694	5.265:273$332	13.727:984$086	4.379:999$798	2.998:985$903	4.274:926$796	11.653:912$497
Totaux	56.101:050$560	55.189:611$829	60.177:115$608	171.467:777$997	57.883:829$094	58.576:965$968	59.927:987$484	176.388:782$546
Soldes	-$-	-$-	-$-	-$-	-$-	-$-	442:289$955	-$-
Déficits	4.811:482$511	1.869:847$698	5.550:502$827	12.231:833$066	1.947:029$603	5.436:897$039	-$-	6.941:696$687

TABLEAU 2.

Recettes et dépenses ordinaires et extraordinaires, exclus les emprunts, ventes de titres en possession du trésor et impôt sur le revenu

	Exercices							
	1897–1898	1898–1899	1899–1900	Total	1900–1901	1901–1902	1902–1903	Total
Recettes								
Ordinaires:								
Impôts directs	10.560:069$894	10.621:182$828	10.830:926$493	32.012:178$715	11.318:752$869	11.937:627$741	12.382:126$175	35.638:506$785
Timbre et enregistrement	5.366:020$105	5.520:489$314	5.901:378$859	16.787:888$278	6.220:280$238	5.884:877$929	5.168:019$865	17.273:178$032
Impôts indirects	22.253:718$274	23.613:935$431	25.165:052$284	71.032:705$989	25.286:095$994	23.215:138$875	25.271:853$784	73.773:088$653
Impôts additionnels	1.113:508$173	1.101:435$048	1.118:633$808	3.333:577$029	1.093:572$941	1.076:920$428	1.065:917$877	3.236:411$246
Biens propres et revenus divers	5.222:388$449	5.182:576$594	3.834:555$876	14.239:520$919	4.085:880$898	4.143:983$357	4.724:264$103	12.954:128$358
Compensation de dépense	569:993$036	444:601$240	470:505$473	1.485:099$749	435:471$326	492:683$622	674:594$615	1.602:749$563
Total	45.085:697$931	46.484:219$955	47.321:052$793	138.890:970$679	48.440:054$266	46.751:231$952	49.286:776$419	144.478:062$637
Extraordinaires	164:944$601	775:824$282	745:255$870	1.686:024$753	827:397$182	800:614$879	758:553$726	2.386:565$787
Totaux	45.250:642$532	47.260:044$237	48.066:308$663	140.576:995$432	49.267:451$398	47.551:846$831	50.045:330$145	146.864:628$374
Dépenses								
Ordinaires:								
Charges générales	9.416:357$347	9.958:735$287	9.484:290$963	28.859:383$597	9.792:505$751	10.283:406$959	9.877:051$183	29.952:963$896
Dette publique consolidée	14.164:999$508	14.032:503$265	14.368:780$292	42.566:283$065	14.550:395$323	15.833:262$539	15.063:179$271	45.446:837$133
Service propre des ministères	23.401:431$667	23.167:015$854	24.851:329$791	71.419:777$312	22.819:023$270	23.679:250$857	24.241:266$589	70.739:540$716
Différences de change, en plus de celle de la dette publique	500:000$000	500:000$050	500:000$000	1.500:000$000	500:000$000	202:301$378	399:666$664	1.101:968$042
Caisse Générale de Dépôts, etc.	50:492$576	50:377$093	50:637$112	151:507$381	55:009$486	51:536$231	52:445$587	161:991$307
Total	47.533:281$098	48.708:632$099	49.255:038$158	144.496:951$355	47.716:933$833	50.052:757$967	49.633:609$294	147.403:301$094
Extraordinaires	4.952:915$060	3.509:795$694	5.265:273$332	13.727:984$086	4.379:999$798	2.998:985$903	4.274:926$796	11.653:912$497
Totaux	52.486:196$158	51.218:427$793	54.520:311$490	158.224:935$441	52.096:933$631	53.051:743$870	53.908:536$090	159.057:213$591
Soldes	–$–	–$–	–$–	–$–	–$–	–$–	–$–	–$–
Déficits	7.235:553$626	3.958:383$556	6.454:002$827	17.647:940$009	2.829:482$233	5.499:897$039	3.863:205$945	12.192:585$217

TABLEAU 3.

Comparaison des exercices de 1897–1898 à 1899–1900 et de 1900–1901 à 1902–1903

	Exercices de 1897-1898 à 1899-1900 (Inclus)	Exercices de 1900-1901 à 1902-1903 (Inclus)	Différences dans les exercices de 1900-1901 à 1902-1903	
			En plus	En moins
Recettes				
Ordinaires:				
Impôts directs	32.012:178$715	35.638:506$785	3.626:328$070	-$-
Timbre et enregistrement	16.787:888$278	17.273:178$032	485:289$754	-$-
Impôts indirects	71.032:705$989	73.773:088$653	2.740:382$664	-$-
Impôts additionnels	3.333:577$029	3.236:411$246	-$-	97:165$783
Biens propres et revenus divers	14.239:520$919	12.954:128$358	-$-	1.285:392$561
Compensation de dépense	1.485:099$749	1.602:749$563	117:649$814	-$-
			6.969:650$302	1.382:558$344
Total	138.890:970$679	144.478:062$637	5.587:091$958	-$-
Extraordinaires	1.686:024$753	2.386:565$737	700:540$984	-$-
Total	140.576:995$432	146.864:628$374	6.287:632$942	-$-
Dépenses				
Ordinaires:				
Charges générales	28.859:383$597	29.952:963$896	1.093:580$299	-$-
Dette publique consolidée	42.566:283$065	45.446:837$133	2.880:554$068	-$-
Différences de change	1.500:000$000	1.101:968$042	-$-	398:031$958
Caisse Générale des dépôts, etc	151:507$381	161:991$307	10:483$926	-$-
Service propre des ministères	71.419:777$312	70.739:540$716	-$-	680:236$596
			3.984:618$293	1.078:268$554
Total	144.496:951$355	147.403:201$094	2.906:349$739	-$-
Extraordinaires	13.727:984$086	11.653:912$497	-$-	2.074:071$589
Total	158.224:935$441	159.057:213$591	832:278$150	-$-

Les résultats obtenus par la comparaison des trois derniers exercices avec les trois immédiatement antérieurs, démontrent, donc, que les recettes ordinaires ont augmenté dans la proportion de 4,02 et les extraordinaires dans celle de 41,52.

Pour obtenir le premier de ces chiffres, les revenus suivants donnent leur part d'augmentation: Impôts directs 3,8 — et compensation de dépense 7,94 — ; et leur part de diminution, la classe des impôts additionnels à laquelle appartient la quote-part, en moins de 2,9 et la classe des biens nationaux et revenus que figure avec la quote-part de 9,02 — aussi en moins.

La plus élevée des quotes-parts est celle du timbre et de l'enrégistrement. Elle est double de celle des impôts directs, tout comme aussi cette dernière est presque le double de celle des indirects.

La quote-part de 41,52 dans les recettes extraordinaires provient de l'impôt extraordinaire de 5 pour cent créé par la loi du 25 juin 1891. Il n'a pas été récouvré dans les premiers douze mois de l'exercice 1897–1898, dans la partie complémentaire, il a été inscrit, seulement, une somme un peu supérieure a 9:000$000 réis.

L'augmentation dans le total des recettes ordinaires et extraordinaires est exprimée par la quote part de 4,47.

Il y a, cependant, dans la totalité des dépenses une augmentation qui, en relation au total des recettes, est représentée par 0,59 pour cent; la quote part de 4,47 sera réduite à 3,88.

Mais, en tenant compte que dans les dépenses de l'exercice de 1902–1903 sont comprises les charges, le payement de certificats, timbres à l'étranger, et autres de la conversion, pour un total de 1:555 contos de réis, charges qui, par leur nature exceptionnelle et unique ne doivent entrer en comparaison, nous ajouterons cette quote-part à celle de 3,88 qui, en relation aux recettes, représente les dites dépenses de la conversion ou 1,1, et la quote-part d'augmentation dans les recettes restera, par suite, à 4,88.

Comme on le voit, les conclusions auxquelles on arrive, sont bien flatteuses pour les trois derniers exercices comparés aux trois antérieurs.

La preuve est faite de l'augmentation des recettes, de la diminution du déficit; le soin et le zèle apportés par le Gouvernement dans l'administration du Trésor, sont bien évidents, malgré quelques contretemps, conséquence inevitable de l'augmentation des dépenses ordinaires.

Les comptes des gestions de 1900–1901 à 1903–1904, qui correspondent à la seconde période d'expercices que nous venons d'aprécier, mis en confrontation avec nombre égal des gestions immédiatement antérieures — 1896-1897 à 1899-1900 — confirment avantageusement ce que nous disons sur les exercices.

L'augmentation dans les recettes ordinaires des exercices de 1900-1901 á 1902-1903 a été, comme nous l'avons vu, de 4,02 pour cent, et dans les dépenses ordinaires, de 2,00 pour cent. Et dans les quatres dernières gestions comparées à une période égale antérieure, ces augmentations sont respectivement de 5,02 et de 0,39 pour cent.

La supériorité des résultats des quatre dernières gestions sur ceux des trois dernières exercices est manifeste, malgré que la gestion de 1903-1904, dans la partie propre de l'exercice, soit représentée par le compte de fonds sortis, toujours plus élevé que celui des payements.

Si nous considérons les recettes et les dépenses dans leurs totaux, sans distinction d'ordinaires et extraordinaires, les résultats des gestions s'accentuéront encore davantage, d'autant que, en comparaison aux trois dernières exercices la différence entre l'augmentation des recettes et celle des dépenses, ou l'augmentation des ressources pour atténuer la somme des déficits des trois exercices antérieures, est équivalente a la quote-part de 30,91, tandis que dans les quatre dernières gestions, sur les antérieures, cette augmentation est représentée par 51,22 pour cent.

Comme nous le disons, pour l'appréciation de la gestion de 1903-1904, nous avons du faire les calculs, par rapport á la part de l'exercice propre, par les fonds sortis, la note des payements effectués n'étant pas encore mise à jour. Il a été, pourtant, nécessaire de prendre en considération cette circonstance et procéder aux corrections voulues pour pouvoir faire la comparaison.

Les recettes perçues et les dépenses effectuées dans chacune des deux périodes des quatres gestions qui servent aux comparaison, ont été, en contos de réis:

Gestions de 1896-1897 à 1899-1900:

		Contos de réis	
Recettes totales		786:233	
Ordinaires	784:630		
Extraordinaires	1:602		
Dépenses totales		216:463	
Ordinaires	195:038		
Extraordinaires	21:425		
Déficits			30:230

Gestions de 1900-1901 à 1903-1904:

Recettes totales		197:024	
Ordinaires	193:912		
Extraordinaires	3:112		
Dépenses totales		219:769	
Ordinaires	195:803		
Extraordinaires	15:966		
Déficits			14:745

Diminution dans les déficits des quatre dernières gestions en relation aux quatre antérieures.................. 15:485

Il résulte de ces chiffres que, dans la période de 1900-1901 à 1903-1904, la modification suivante s'est opérée:

Augmentèrent:		
Les recettes ordinaires	–	9:280
Les recettes extraordinaires	–	1:510
Les dépenses ordinaires	765	
Diminuèrent:		
Les dépenses extraordinaires	–	5:459
	765	16:250

L'augmentation des ressources pour l'attenuation des déficits a donc été, comme nous l'avons vu, supérieure à 14:485 contos.

On constate ces altérations dans les classes suivantes d'impôts et divisions de dépenses:

Recettes:

Ordinaires:

Augmentations:			
Impôts directs	4:139		
Timbre et enregistrement	1:840		
Impôts indirects	5:405		
Compensation de dépenses	283	11:667	
Diminutions:			
Impôts additionnels	135		
Bien propres nationaux et revenus divers	2:251	2:386	
Différence en plus dans les recettes ordinaires			9:281

Augmentations:

Impôt additionnel extraordinaire de 5 pour cent et autres recettes.................. 1:510

Différence en plus dans les recettes ordinaires et extraordinaires.............................. 10:791

Dépenses:

Ordinaires:

Augmentations:

Charges générales.....	2:008		
Dette publique consolidée................	2:602		
Caisse Générale de Dépôts...............	8	4:618	

Diminutions:

Différences de changes....	1:187		
Service propre des ministères..................	2:666	3:853	

Différence en plus dans les recettes ornaires...... 765

Extraordinaires:

Diminutions:

Diverses dépenses.................... 5:459

Différence en moins dans les dépenses ordinaires et extraordinaires.................... 4:694

Augmentation de ressources dans les quatre dernières gestions 15:485

Les résultats généraux auxquels nous arrivons, se trouvent aussi dans le tableau suivant dans lequel on voit, avec la plus grande facilité, le mouvement des huit gestions, montrant séparément ce qui appartient à l'exercice antérieur et à l'exercice propre de chacune d'elles.

TABLEAU DU MOUVEMENT DES HUIT GESTIONS

TABLEAU DU MOUVEMENT DES HUIT GESTIONS

Resumé par exercice separé des recettes et dépenses realisées pendant les gestions correspondantes aux années 1896-1897 à 1903-1904, et comparaison du montant des déficits des exercices 1900-1901 à 1902-1903 et des gestions de 1900-1901 à 1903-1904 avec le montant des déficits des periodes égales immédiatement antérieures

			Recettes	Dépenses	Deficits partiels	Soldes partiels	Deficits des gestions avec détail de ceux appartenant à l'exercice antérieur et à l'exercice propre	Soldes des gestions avec détail de ceux appartenant à l'exercice antérieur et à l'exercice propre	Total des deficits des gestions en comparaison	Total des deficits des exercices en comparaison
1896–1897	Exercice de 1895-1896	Ordinaires	3.445:074$223	6.228:227$561	2.782:253$338	-$-	3.814:608$957	-$-		
		Extraordinaires	-$-	1.032:435$619	1.032:435$619	-$-				
	Exercice 1896-1897	Ordinaires	42.524:800$795	41.852:478$887	-$-	671:832$908	4.608:270$242	-$-		
		Extraordinaires	10$139	5.840:122$289	5.840:112$150	-$-				
			45.970:201$157	54.453:259$356						
1897–1898	Exercice de 1896–1897	Ordinaires	3.301:062$013	7.352:006$230	4.050:344$217	-$-	5.921:289$090	-$-		
		Extraordinaires	-$-	1.870:044$873	1.870:044$873	-$-				
	Exercice de 1897-1898	Ordinaires	42.301:916$443	41.375:614$866	-$-	926:301$577	2.542:046$214	-$-		
		Extraordinaires	155:630$991	3.623:978$782	3.468:347$791	-$-				
			45.759:209$447	54.222:544$751						
1898–1899	Exercice de 1897–1898	Ordinaires	2.783:781$488	6.157:066$232	3.373:884$744	-$-	4.683:507$412	-$-		30.220:428$701
		Extraordinaires	9:313$610	1.828:936$278	1.810:622$668	-$-				
	Exercice de 1898–1899	Ordinaires	43.275:504$143	41.396:906$062	-$-	1.878:598$081	78:010$856	-$-		
		Extraordinaires	646:349$294	2.652:958$281	1.950:608$037	-$-				
			46.764:948$535	51.536:466$803						
1899–1300	Exercice de 1898–1899	Ordinaires	3.208:715$812	6.311:726$037	3.103:010$225	-$-	3.880:372$700	-$-	17.047:910$000	
		Extraordinaires	70:474$085	850:837$408	777:362$475	-$-				
	Exercice de 1899–1900	Ordinaires	43.789:318$344	44.363:174$167	573:860$823	-$-	4.081:234$320	-$-		
		Extraordinaires	661:359$030	4.718:732$527	4.057:373$497	-$-				
			47.738:863$174	56.250:470$194						
1900–1901	Exercice de 1899-1900	Ordinaires	3.581:739$449	4.801:863$991	1.360:124$542	-$-	1.822:768$507	-$-		
		Extraordinaires	83:896$840	546:546$805	462:648$965	-$-				
	Exercice de 1900-1901	Ordinaires	45.220:041$061	42.090:920$786	-$-	3.135:125$275	-$-	965.924$898		
		Extraordinaires	700:567$416	2.869:762$793	2.169:195$377	-$-				
			49.542:244$766	50.399:068$375						
1901–1902	Exercice de 1900–1901	Ordinaires	3.214:013$205	5.626:013$047	2.411:900$842	-$-	3.795:407$131	-$-		
		Extraordinaires	126:829$716	1.510:237$005	1.383:407$289	-$-				
	Exercice de 1901–1902	Ordinaires	43.538:351$149	43.202:509$380	-$-	335:844$769	680:123$171	-$-		
		Extraordinaires	680:972$302	1.696:940$242	1.015:967$940	-$-				
			47.560:169$372	52.035:699$674					12.102:585$217	14.744:944$360
1902–1903	Exercice de 1901-1902	Ordinaires	3.212:877$803	6.850:248$587	3.637:370$784	-$-	4.819:773$868	-$-		
		Extraordinaires	119:642$577	1.302:045$661	1.182:403$084	-$-				
	Exercice de 1902-1903	Ordinaires	45.147:472$257	41.910:681$810	-$-	3.236:790$447	-$-	443:143$519		
		Extraordinaires	624:566$131	3.418:213$059	2.793:646$928	-$-				
			49.104:558$768	53.481:180$117						
1903–1904	Exercice de 1902–1903	Ordinaires	4.139:304$162	7.722:927$484	3.583:623$322	-$-	4.306:349$464	-$-		
		Extraordinaires	133:987$595	856:713$737	722:726$142	-$-				
	Exercice de 1903-1904	Ordinaires	45.901:846$076	43.507:868$681	-$-	2.393:977$395	729:590$645	-$-		
		Extraordinaires	641:856$261	3.765:424$301	3.123:568$040	-$-				
			50.816:994$094	55.852:034$203						
Différences dans les déficits des exercices et des gestions			....	....	....	....	....	....	5.455:354$792	15.484:484$422

Récapitulant, à présent, ce que nous venons d'exposer, relativement aux exercices et aux gestions, nous trouvons : que les recettes ordinaires et extraordinaires ont augmenté : dans les trois derniers exercices, dans la proportion de 1 à 22,35, et dans les quatre dernières gestions de 1 à 17,25, ou avec les quotes parts de 4,47 et de 5,79.

Que dans les dépenses ordinaires et extraordinaires il y a eu des diminutions représentées par les rapports de 1 à 190,17 dans les exercices et de 1 à 46,12 dans les gestions, equivalentes à 0,52 et à 2,16 pour cent respectivement; que les augmentations de ressources, dans les périodes des trois derniers exercices et des quatre dernières gestions et les sommes des déficits des périodes égales antérieures, sont entre elles comme 1 à 3,23 et dans les gestions comme 1 à 1,95, correspondant à ces rapports, respectivement, les pourcentages déjà indiqués de 30,91 et 51,22.

En mettant ces chifres en evidence notre but n'est pas tant de montrer les efforts opiniâtres du gouvernement dans l'administration des affaires du pays que de faire, principalement, ressortir l'état des finances publiques, qui s'est amélioré d'une façon sensible ce que ne doit pas nous empêcher de continuer à lui prodiguer nos meilleurs soins, afin de pouvoir poursuivre les améliorations indispensables au développement de la richesse economique.

Rectifications au budget pour 1904-1905

Dans l'établissement du budget pour l'exercice 1904–1905, soumis à votre judicieux examen en janvier dernier, le gouvernement s'est appliqué à présenter un document montrant, avec la certitude que l'on peut exiger de publications de cet ordre, la balance probable de notre situation financière dans cet exercice.

Avec les éléments dont il pouvait alors disposer il procéda, avec le plus grand soin, à la fixation des recettes et à la description des dépenses publiques.

Cherchant à calculer les premières avec la plus grande exactitude, il suivit en général, dans celles qui ne sont pas subordonnées à des lois spéciales ou contrats, les préceptes établis, à ce sujet, dans le règlement de la comptabilité publique; dans celles qui, en vertu de leur caractère spécial, n'offraient pas de bases certaines ou des données sûres et positives pour cette détermination, il fit les évaluations respectives par estimation.

Une rigueur sévère présida à l'inscription des dépenses. Sans préoccupations d'aucun genre, et ayant seulement en vue de consigner les charges résultantes du fonctionnement régulier des services nécessaires et indispensables, le gouvernement n'hésita pas à comprendre dans ce document ce qu'il considérait être dans ces conditions, une semblable résolution amena une grande augmentation de dépenses, puis que leur chiffre s'éleva à 2.826:657$975 réis.

Son procédé était justifié. Il voulait éviter, autant que possible, le recours aux crédits spéciaux et rester en situation de pouvoir administrer uniquement à l'aide de ces crédits.

Pénétré des mêmes considérations, cette règle nous servit de guide pour les rectifications au budget, que en un volume séparée, où elles sont développées, nous avons l'honneur de vous présenter et de soumettre à votre appréciation éclairée.

La révision à laquelle nous avons procédé, nous a conduit à introduire quelques changements dans le budget, afin de mettre ce document en harmonie avec les faits du moment.

Dans les dépenses, en général, les dotations fixes pour les services respectifs, non seulement furent maintenues, mais quelques-unes subirent une augmentation, suivant que les nécessités l'exigeaient.

Les réductions se limitèrent aux articles, dont les dotations, en vertu de causes spéciales ou qui peuvent être prévues dans le courant de l'année économique, étaient évidemment excessives.

Se trouvaient dan ce cas les consignations pour la prime de l'or dans les charges de la dette publique externe, au compte du Trésor et de la Junte, que nous calculons à 22 pour cent; nous avons, de cette manière, une différence de 3 pour cent en moins.

La réduction dans cette dépense pouvait encore être plus grande, vu que l'agio est actuellement à 20 pour cent. Toutefois le gouvernement entendit qu'il devait laisser une marge suffisante pour parer à toute éventualité ou cas anormal, bien que cette hypothèse soit peu probable.

Les différences de change tendent à s'améliorer, non seulement par l'accroissement de notre exportation dont les droits sont rectifiés, suivant la recette réalisée en 1903–1904, en plus de 27 contos, ce qui représente une augmentation importante dans la sortie de nos produits, comme aussi, en outre d'autres circonstances, en vertu des providences soumises par le Gouvernement, à l'examen du Parlement parmi lesquelles ressort, principalement, le contrat célébré pour la conversion des obligations et la refonte du régime des tabacs, il est certain que, dès le contrat connu, il se produira un amélioration sensible dans le prix des changes et dans la cote de nos fonds.

L'importation de blé exotique que nous devons faire, par suite de la mauvaise année agricole, influera peu sur les oscillations du change.

Désireux de voir les dotations budgetaires suffisantes pour faire face aux dépenses auxquelles elles sont destinées, nous entendons devoir rectifier la somme pour charges de la dette flottante, suivant son existence au 30 juin dernier, et nous présumons que'elle devra atteindre 2:080 contos, la rectification de cet article comporte donc une augmentation de 130 contos.

D'accord avec les dispositions de la loi du 15 juillet 1903, le subside à la Compagnie Figueirense de Reboques Maritimos e Fluviaes, et décrite à l'article 23°, section 3°, a été doublé — aux termes de la même loi, la taxe sur la valeur des marchandises importées et exportées par la barre de Figueira, a été élevée de $^1/_4$ à $^1/_2$ pour cent. Delà la respective altération.

La dette publique consolidée, tant interne qu'externe, est aussi rectifiée en conformité des existences au 30 juin 1904, concordant de cette manière avec les modifications en moins, faites dans la recette pour la somme de 62:540$160 réis, suivant les titres en possession du Trésor le même jour.

En plus, dans la dette interne consolidée les intérêts du capital nominal, converti en pensions et viagères depuis le 30 septembre 1903, jusqu'au 30 juin 1904, sont supprimés, leur importance respective étant ajoutée, aux termes de la loi, à la consignation des dites pensions, constantes de l'article 35^c, après diminution des intérêts du capital correspondant à celles qui caduquerent pendant la même période.

Avec la réduction des changes, les charges de la dette externe s'élevent à 5.610.718$512 réis.

Les sommes liquidées, propres de l'exercice 1901–1902, le dernier du régime de 1893, exclue le trimestre de la dette amortissable, auctorisé en plus, et la différence respective du change, ont été de réis 5:031:771$902. La différence en 1904-1905, résultant de la convertion, est, par conséquent, de 579:0006$610 réis. Mais, si nous procédons au calcul de la dette externe, comme si la conversion n'existait pas, si nous portons, comme supplément d'intérêts, la somme qui aurait dû être liquidée en juillet dernier, alors cet excédant n'est pas seulement absorbé mais même dépassé, vu que les charges en 1904–1905 sont inférieures à celles qu'il aurait été nécessaire d'inscrire, en vertu du dit régime de 1893.

Dans le service des douanes il y a eu lieu de faire quelques ampliations, pour faire face à des dépenses qui n'avaient pas été prévues dans le budget ou qui l'avaient été d'une façon insuffisante.

L'une d'elles a trait à l'augmentation relative à l'éclairage électrique du nouveau chemin fiscal de Lisbonne, aux termes du contract du 18 novembre 1903, qui d'après le calcul sera de 15 contos annuels.

Cependant, comme en harmonie avec le calcul d'alors, la somme de 12 contos fut inscrite, nous devons a présent inclure la différence.

La dépense nouvelle pour l'éclairage électrique de la ligne marginale du Tage, de Santa Apolonia à Bom Successo, a été également inscrite, en conformité du contrat du 12 mars 1904. Selon ce contrat, le minimum de la dépense annuelle est de 14 contos; mais attendu que l'installation ne pourra être prête avant novembre, la somme correspondante à huit douzièmes, a seulement été inscrite.

En conséquence du plus grand service qu'exige la nouvelle ligne de circumvallation, ont dû être augmentées les sommes portées à l'article 51e, section 4e; celle de la douane de Lisbonne, de l'article 53e, celle de l'article 56e, sections 1e et 2e, sections relatives aux gratifications, article 72e du décret n.° 3 du 27 septembre 1894; diverses dépenses du service interne, les salaires des ouvriers et le matériel du trafic ont aussi subi une augmentation.

A l'article 59e, Garde Fiscale, section 3e, il a fallu inscrire en plus 27 employés de la Chambre Municipale de Porto, qui, conformément au contrat du 23 juillet 1897, ont dû passer au service de l'État, par suite de l'installation du service fiscal dans la nouvelle ligne de circumvallation de la dite ville.

La somme pour différences de changes a également souffert une importante réduction, en plus de celles de la dette publique, qui constitue la cinquième partie du budget des dépenses du Ministère des Finances.

Comme depuis l'an dernier, le payement en or des achats qui se font à l'étranger, est à la charge de divers Ministères, on peut sans inconvénient réduire de 40:000$000 réis la somme à laquelle nous nous référons.

Toutes ces modifications donnent, dans les grandes divisions du budget des dépenses du Ministère des Finances, les résultats suivants:

Dépense ordinaire	
Charges générales	9.731:502$911
Dette publique consolidée	22.171:613$537
Service propre du Ministère	4.140:908$520
Différences de change	220:000$000
Total	36.264:024$968
Dépense extraordinaire	28:685$000
Total	36.292:709$968

Au budget du Ministère de l'intérieur il a fallu inscrire en plus 42:844$468 réis. Mais dans cette somme 10:000$000 réis destinés à travaux et réparations aux casernes municipales sont additionnés, par transfert, du Ministère des travaux publics, où ils sont déduits de la somme pour édifices publics, l'augmentation reste à 32:844$468 réis.

La distribution de cette somme, par services, est la suivante:

Dépense ordinaire

Hygiène publique	8:300$000
Instruction secondaire	4:413$450
Dépenses des exercices terminés	1:000$000
Dépense extraordinaire:	
Service des incendies	19:549$033

Le total de ces sommes, diminué de 418$015 réis, qui, dans la dépense ordinaire, resulte en moins, des modifications faites aux articles de l'instruction supérieur e, des retraites, donne la somme que nous indiquons ci-dessus.

La première de ces augmentations est justifiée par la nécessité de compléter définitivement les cours de médecine sanitaire à Coimbra et à Porto, et d'inscrire la somme indispensable pour le payement des traitements du personnel contracté pour le laboratoire d'hygiène de cette dernière ville, afin de mettre cet établissement en situation de pouvoir procéder aux analyses des échantillons de produits alimentaires recueillis dans le nord du pays.

Les appointements du personnel respectif importent en 5:160$000 réis, soit 2:160$000 réis pour le cours de médecine et 3:000$000 réis pour le laboratoire. La somme restante, de 3:140$000 réis, est destinée à des dépenses de matériel pour les deux services.

L'augmentation dans l'instruction secondaire provient, dans les termes réglementaires, d'une plus grande rémunération pour le service des examens et d'une meilleure dotation des dépenses des Lycées; celle des exercices terminés résulte de dettes qui n'ont pu être satisfaites dans les termes de l'article 57e, du réglement de comptabilité, celle des services des incendies, des dépenses de matériel dont le payement ne peut être ajourné.

Il y a d'autres changements, en plus de ceux indiqués, qui sont dûs à des circonstances qui surviennent dans le personnel des chapitres respectifs.

Nous entendons devoir comprendre aussi, dans les rectifications du budget, les modifications proposées, d'accord avec le gouvernement, par la commission du budget, dans son rapport n.º 8 du 30 janvier 1904.

Elles se réfèrent aux Ministères de l'Intérieur, de la Marine et Colonies et des Travaux Publics, elle sont dûment inscrites dans les budgets respectifs.

Dans ce dernier Ministère il y a, comme nous l'avons déjà dit, le transport de 10:000$000 réis pour la dépensé extraordinaire du Ministère de l'Interieur.

*

* *

Ce sont les recettes qui accusent les variations les plus grandes dans les présentes rectifications.

En général, elles sont determinées par la perception de l'année économique de 1903-1904, ou terme moyen des trois dernières années, y compris celle-ci.

Il y a peu d'exceptions à cette règle et elles sont motivées par des cas de force majeure.

Dans les évaluations des impôts suivants: contribution industrielle, décime d'intérêts, émoluments judiciaires et de matricules, les perceptions respectives de la dernière année économique, augmentées de la recette qui, pour chacune d'elles, se réalisa à l'aide d'estampilles dans le premier trimestre de 1900-1901, servent de bases.

Cela, cependant, n'influe pas sur l'ensemble du budget, parce que les sommes qui s'additionnent sont diminuées dans le produit encaissé pendant le 1er trimestre de 1903-1904, sous le titre «recette à l'aide d'estampilles», laquelle, aux termes de l'article 4° de la loi du 27 juin 1903, disparaît, cette recette étant repartie aux revenus auxquels elle appartient.

Une opération semblable s'est faite avec l'évaluation de l'impôt du timbre, à la perception dans la dernière année économique on a ajouté la différence entre la recette provenant des estampilles fiscales dans le premier trimestre de la même année èt la somme qui, par cette provenance, s'ajouta à la contribution industrielle, décime d'intérêts, etc.

La somme perçue pour les estampilles fiscales dans le 1er trimestre de 1903-1904 a été de réis........	212:967$223
Celle distribuée à la contribution industrielle, décime d'intérêts, etc., inclus 1:160$851 réis dans les districts autonomes des îles, a été de réis	115:618$579
Ce qui, par conséquent, reste pour estampilles de l'impôt du timbre, le timbre des licences et l'additionnel à l'impôt du timbre est de réis............	97:348$644

Les droits d'importation sur les céréales sont évalués sur la base de la moyenne des recettes dans les années économiques de 1898-1899 à 1900-1901.

Dans le budget de janvier l'évaluation fut faite en prenant la moyenne des recettes des cinq dernières années. En établissant ce budget, à une époque où l'on ne pouvait encore prévoir quelle serait la recolte du blé, cette année, on procéda de cette manière, en ayant seulement égard à la nature très variable de ce revenu.

Aujourd'hui, cependant, les circonstances sont autres.

D'après les renseignements recueillis la récolte de cette année s'approchera des récoltes de 1899 et 1900, si elle ne leur est pas inférieure.

Dans ces conditions, il était naturel, que la moyenne des recettes dans les années 1899-1900 et 1900-1901, servissent de base à la respective évaluation. Cependant, comme correctif, on introduisit, dans le calcul, l'année 1898-1899, malgré ses conditions différentes, puisque la récolte de blé fut très supérieure.

En concordance avec les différences de change qui sont décrites dans la dépense, la prime de l'or correspondante aux intérêts des obligations de la Compagnie Royale des Chemins de Fer Portugais, qui figurent en recette, a été rectifiée.

La participation dans les bénéfices de la Banque de Portugal est calculée à la somme que le dernier rapport de cet établissement a consigné dans ce but, augmentée de 24:485$306 réis, correction postérieure; et la parte qui est de droit dans les bénéfices de la Compagnie des Tabacs est fixée aussi par le récent rapport de la même compagnie à la somme qui effectivement revient cette année à l'État; il faut noter que si le contrat récemment célébré est approuvé, le revenu des tabacs, dans la présente année économique, bénéficiera d'une somme approximative de 275:000$000 qui, toutefois, ne figurent pas dans le budget.

En vertu du contrat avec la Chambre Municipale de Porto, du 23 juillet 1897, on inscrit, en compensation de la dépense de fiscalisation de la nouvelle ligne fiscale de cette ville, la somme à laquelle on évalue le rendement de la taxe de 10 pour cent sur la recette brute que percevra la dite chambre; et en conformité de l'article 2° § 2° de la loi du 13 mai 1896, est inscrite la part que l'État aura à recevoir des chambres municipales, pour la fourniture de cofres à deux clefs à l'épreuve du feu, pour le service des recettes des conseils.

Ainsi que nous l'avons rapporté plus haut, la somme des titres au pouvoir du Trésor est rectifiée suivant leur existence au 30 juin 1904.

Des augmentations par estimation sont maintenues: celles de la contribution industrielle, en raison du perfectionnement des matrices, l'indication du nombre d'ouvriers, de moteurs, de machines (etc.) et de celle de l'impôt du timbre, en conformité de la proposition de loi de recette et dépense que, séparement, nous soumettons à votre examen.

L'augmentation rélative aux droits d'importation, obtenue par les nouveaux tarifs du sucre, de conformité avec le décret du 9 juillet 1903, est supprimée, son produit étant déjà compris dans la recette effectuée en 1903-1904

Les augmentations de la contribution prédiale, des droits de consommation, du real d'eau (octroi), sont réduites de la somme importante de 400 contos.

Toutes ces augmentations sont parfaitement justifiées.

Toutefois diverses causes empêchent qu'elles puissent être réalisées dans la présente année.

Celle de la contribution prédiale se trouve dans l'impossibilité d'être complètement réalisée par suite du rétard dans lequel est le service des experts des immeubles. Mais comme les anciennes juntes fiscales continuent à fonctionner, on calcule que leurs travaux joints à ceux que les commissions pourront faire, arrivent à produire deux tiers de l'augmentation fixée dans le budget de janvier.

La somme fixée pour les droits de consommation doit aussi être réduite, dans le but poursuivi par le Gouvernement de rendre, autant que possible, véritables toutes les sommes portées en recette et dépenses.

Dans le budget de janvier on suppose que le *stock* des produits dans l'aire nouvelle annexée, dont la fiscalisation intérieure offre des difficultés, n'étendra par son influence au delà d'un semestre; mais comme ses effets se font encore sentir, les circonstances conseillent de diminuer la somme de 150:000$000, dans l'augmentation alors présumée.

Pour le real d'eau (octroi), la recette, dans la dernière année, a baissé de 75 contos.

Ce fait, auquel nous faisons allusion plus haut, et auquel nous nous référons plus loin, provient de diverses causes, le Gouvernement a eu égard à celles qui peuvent être corrigées par son action, donnant les instructions nécessaires pour éviter qu'il y ait défaillance dans la fiscalisation. On ne doit donc pas compter, dans la présente année, de cette provenance par une somme supérieure à l'augmentation fixée dans le budget de janvier.

Récapitulant les rectifications faites au budget des recettes, nous obtenons les résultats suivants :

Recettes ordinaires

Augmentations :		
Timbre et enrégistrement	31:500$000	
Impôts indirects	973:400$000	
Impôts additionnels	38:100$000	
Biens propres nationaux et revenus divers	359:872$763	1.402:872$763
Diminutions :		
Impôts directs	59:700$000	
Compensations de dépense	35:840$160	95:540$160
Différence en plus dans les rectifications		1.307:332$603

Recettes extraordinaires

Augmentations	21:500$000
Différence totale en plus	1.328:832$603

Avec ces chiffres et ceux que nous avons indiqués en relation aux dépenses et avec les altérations constantes du budget de janvier, le *déficit* prévu dans la loi du 27 juin 1903 subit las transformations suivantes :

Suivant cette loi, les autorisations pour 1903–1904 sont :

Recettes :		
Ordinaires	54.170.764$500	
Extraordinaires	2.385:000$000	56.555:764$500
Dépenses :		
Ordinaires	55.082:283$941	
Extraordinaires	2.276:493$809	57.358:777$750
Déficit en 1903-1904		803:013$250

Mais comme les modifications au budget de janvier produisent :

Augmentations :			
Recettes ordinaires		2.635:896$785	
Dépenses ordinaires	2.826:657$975		
Diminutions :			
Recettes ordinaires	1.641:000$000		
Dépenses extraordinaires		1.103:117$198	
	4.467:657$975	3.739:013$983	
Nous aurons une augmentation dans le *déficit* de 1903-1904	728:643$992		728:643$992
Ou *déficit* du budget de janvier			1.531:657$242

Et puisque, suivant les présentes rectifications, on apure les variantes suivantes :

Augmentations :			
Recettes ordinaires		1.307:332$603	
Recettes extraordinaires		21:500$000	
Dépenses extraordinaires	53:234$033		
Diminutions :			
Dépenses ordinaires		116:965$264	
	53:234$033	1.445:747$867	
Nous aurons une diminution dans le *déficit* du budget de janvier		1.392:563$834	1.392:563$834
Ou *déficit* suivant les présentes rectifications			139:093$408

Les corrections indiquées faites, les autorisations demandées pour 1904-1905 sont ainsi établies :

Recettes :			
Ordinaires :			
Impôts directs	13.718:116$000		
Timbre et enregistrement	6.481:500$000		
Impôts indirects	27.158:767$000		
Impôts additionnels	1.059:050$000		
Biens propres nationaux et revenus divers	4.432:535$963		
Compensations de dépense	5.264:024$925	58.113:993$888	
Extraordinaires		765:500$000	58.879:493$888
Dépenses :			
Ordinaires :			
Charges générales	9.731:502$911		
Dette publique consolidée	22.171:613$537		
Différences de change en plus de celles de la dette publique	229:000$000		
Service propre des Ministères	25.605:022$704		
Caisse Générale des Dépôts	63:837$500	57.791:976$652	
Extraordinaires		1.226:610$644	59.018:587$296
Excédant des dépenses sur les recettes, comme ci-dessus			139:093$408

Comparant ces chiffres avec les sommes demandées au budget de janvier et celles autorisées pour l'exercice de 1903-1904, aux termes de la loi du 27 juin 1903, nous pouvons dresser le tableau suivant :

	Budget réctifié pour 1904-1905	Budget proposé pour 1904-1905, le 4 janvier 1904	Recettes et dépenses fixées pour le exercice de 1903-1904, pour carte de loi du 27 juin 1903	Différences dans le budget réctifié pour 1904-1905 — En relation aux propositions pour le même exercice le 4 janvier 1904	Différences dans le budget réctifié pour 1904-1905 — En relation à la carte de loi du 27 de juin 1903 (recette et dépenses pour 1903-1904)
Recettes					
Ordinaires :					
Impôts directs	13.718:116$000	13.777:816$000	14.188:425$000	— 59:700$000	— 470:309$000
Timbre et enregistrement	6.481:500$000	6.450:000$000	5.470:500$000	+ 31:500$000	+ 1.011:000$000
Impôts indirects	27.158:767$000	26.185:367$000	25.093:080$000	+ 973:400$000	+ 2.065:687$000
Imposts additionnels	1.059:050$000	1.020:950$000	1.067:400$000	+ 38:100$000	— 8:350$000
Biens propres nationaux et revenus divers	4.432:535$963	4.072:663$200	3.777:036$000	+ 359:872$763	+ 655:499$963
Compensation de dépenses	5.264:024$925	5.299:865$085	4.574:323$500	— 35:840$160	+ 689:701$425
				+ 1.402:872$763	+ 4.421:888$388
				— 95:540$160	— 478:659$000
Total	58.113:993$888	56.806:661$285	54.170:764$500	+ 1.307:332$603	+ 3.943:229$388
Extraordinaires	765:500$000	744:000$000	2.385:000$000	+ 21:500$000	— 1.619:500$000
Total des recettes ordinaires et extraordinaires	58.879:493$888	57.550:661$285	56.555:764$500	+ 1.328:832$603	+ 2.323:729$388

	Budget rectifié pour 1904-1905	Budget proposé pour 1904-1905 le 4 janvier 1904	Recettes et dépenses fixées pour le exercice de 1903-1904 par carte de loi du 27 juin 1903	Différences dans le budget rectifié pour 1904-1905	
				En relation aux expositions pour le même exercice le 4 janvier 1904	En relation à la carte de loi du 27 de juin 1903 (recette et dépense pour 1903-1904)
Dépenses					
Ordinaires :					
Charges générales	9.731:502$911	9.698:278$912	9.484:022$810	+ 33:223$999	+ 247:480$101
Dette publique consolidée	22.171:613$537	22.310:169$395	21.272:397$970	— 138:555$858	+ 899:215$567
Différences de change en plus de celles de la dette publique	220:000$000	260:000$000	260:000$000	— 40:000$000	— 40:000$000
Service propre des ministères :					
Finances	4.140:908$520	4.110:837$360	3.810:429$284	+ 30:071$160	+ 330:479$236
Royaume	3.088:635$466	3.075:340$031	3.002:800$089	+ 13:295$435	+ 85:835$377
Cultes et Justice	1.175:074$496	1.175:074$496	1.093:967$430	-$-	+ 81:107$066
Guerre	6.974:314$886	6.974:314$886	6.411:218$471	-$-	+ 563:096$415
Marine et Colonies :					
Marine	3.399:333$890	3.404:333$890	3.289:416$540	— 5:000$000	+ 109:917$350
Colonies	1.129:849$645	1.129:849$645	915:608$500	-$-	+ 214:241$145
Affaires Étrangères	405:740$100	405:740$100	359:650$260	-$-	+ 46:089$840
Travaux publics, Commerce et Industrie	5.291:165$701	5.301:165$701	5.118:935$087	— 10:000$000	+ 172:230$614
Caisse Générale des Dépôts, etc.	63:837$500	63:837$500	63:837$500	-$-	-$-
				+ 76:590$594	+ 2.749:692$711
				— 193:555$858	— 40:000$000
Totaux	57.791:976$652	57.908:941$916	55.082:283$941	— 116:965$264	+ 2.709:692$711
Extraordinaires :					
Ministères :					
Finances	28:685$000	10:000$000	35:588$000	+ 18:685$000	— 6:903$000
Intérieur	124:969$835	95:420$802	32:190$000	+ 29:549$033	+ 92:779$835
Guerre	135:775$809	135:775$809	115:775$809	-$-	+ 20:000$000
Marine et Colonies :					
Marine	120:180$000	115:180$000	122:940$000	+ 5:000$000	— 2:760$000
Colonies	490:000$000	490:000$000	465:000$000	-$-	+ 25:000$000
Affaires Étrangères	40:000$000	40:000$000	40:000$000	-$-	-$-
Travaux Publics, Commerce et Industrie	287:000$000	287:000$000	1.465:000$000	-$-	— 1.178:000$000
				+ 53:234$033	+ 137:779$835
				-$-	— 1.187:663$000
Total	1.226:610$644	1.173:376$611	2.276:493$809	+ 53:234$033	— 1.049:883$165
Total des dépenses ordinaires et extraordinaires	59.018:587$296	59.082:318$527	57.358:777$750	— 63:731$231	+ 1.659:809$546
Deficite	139:093$408	1.531:657$242	803:013$250	-$-	-$-
Différences en moins dans le *déficit* rectifié	....	....	....	— 1.392:563$834	— 663:919$842

Tels sont, Messieurs, les résultats auxquels nous arrivons après avoir passé en revue les recettes et les dépenses publiques figurant au budjet présenté en janvier, afin de le rectifier en conformité avec les circonstances actuelles.

N'oublions pas, cependant, qu'une des sommes importantes de recette provient d'un regrettable fait économique.

C'est celle qui s'applique aux céréales, qui, malheureusement, par suite de la mauvaise année agricole, et la disette de la récolte, se trouve dans ces rectifications assez élevée, bien qu'inférieure à celle des années de 1899-1900 et 1900-1901.

La circonstance fortuite qui se présente aujourd'hui disparaîtra demain, ce qui sera un bien pour le pays, quoi qu'il en resulte pour le Trésor une importante réduction.

Nous ne pouvons donc, et nous ne pouvons compter sur cette recette.

Relativement à l'année courante, un déficit de 139 contos, en présence d'une recette de plus de 50.000 contos, ne doit préoccuper personne, parce que la moyenne de l'accroissement normal des revenus de l'État est bien supérieure à ce déficit, ainsi que nous avons eu l'occasion de le constater plus haut.

En relation aux annés subséquentes, vous trouverez dans les propositions que nous soumettons à votre examen le moyen de remédier au déséquilibre qui, par hasard, viendrait se manifester.

*
* *

Le grand problème des finances, en tous les pays, consiste à égaliser les recettes avec les dépenses, a dit un économiste qui fut aussi un homme d'État distingué, il ajoutait en même temps que l'histoire des nations civilisées prouve combien la solution de ce problème est difficile.

Les écrivains conseillent doctrinalement de recourir à l'impôt chaque fois que les recettes ne sont pas suffisantes pour faire face aux charges.

Ceux qui n'ont pas fait une étude spéciale des finances proclament avec emphase qu'il faut réduire les dépenses.

Quant au conseil des premiers nous observerons que, dans la pratique, les faits sont plus forts que la théorie, et on ne doit recourir à l'impôt, sans voir, premièrement, si les circonstances matérielles et morales le permettront, c'est-à-dire, si la matière collectable supporte l'augmentation d'impôt et si la disposition des esprits reconnaît l'indispensabilité du sacrifice.

Quant à l'opinion des seconds nous rappelons que l'avis unanime de ceux qui se dédient, sans relâche, aux affaires publiques, est qu'il faut procéder à la suppression des dépenses avec le plus grand discernement, pour ne pas nuire aux services de l'État, et empêcher le développement de la civilisation et de la richesse publique.

Et le problème, qui tant aux uns qu'aux autres a paru une chose des plus simples continue à être d'une difficile solution.

Cela n'empèche pas cependant de mettre dans l'esprit de tous la conviction qu'il ne peut y avoir de finances bien organisées avec un budjet déséquilibré, et que tous peuvent concourir de diverses formes à la réalisation de l'équilibre désiré.

Il doit y avoir économie dans les dépenses, c'est certain, mais employer les moyens tendant à augmenter la richesse sera sans doute le meilleure moyen, et le plus efficace, pour faire progresser la matière collectable que sert de base à la recette de l'État.

Développer les forces économiques de l'agriculture, de l'industrie et du commerce du pays, cherchant à faciliter le crédit qui féconde, les transports qui augmentent le valeur des produits, c'est contribuer à l'augmentation de la richesse nationale.

*
* *

Un des facteurs de notre déséquilibre a été, dans ces derniers temps, la question du change, qui pendant treize années a influé dans la dépense pour une somme supérieure à trente mille contos de réis, donnant ainsi une moyenne annuelle d'environ trois mille contos.

Le Gouvernement, dans la préoccupation constante que la situation s'aggrave, a mis en œuvre les moyens que la pratique conseille, pour attenuer les effets de la spéculation, corrigeant, tantôt par sa présence, tantôt par son absence du marché, les tendances spéculatives. Et s'il n'a pu toujours dominer les mouvements brusques du change qui sont plus pernicieux pour l'économie de la nation que la propre cherté du prix, il réussit bien des fois à intervenir avec profit.

Les prix du change, qui depuis longtemps manifestaient des tendences favorables ont eu, au commencement de cette année, un mouvement accentué de hausse dû a des craintes qui heureusement se dissipèrent, et depuis lors l'amélioration s'est manifestée successivement.

Comparant la cote du change sur Londres dans le mois de juillet 1903 avec celle de juillet 1904, nous notons une diminution de prix d'environ deux points, et si nous faisons la comparaison avec la cote de juillet 1900 la diminution que nous trouvons est approximativement de six points, ainsi qu'on le voit par les chiffres suivants:

En juillet 1900 moyenne 38 $^{5}/_{8}$ ds.

En juillet 1903 moyenne 42 $^{31}/_{32}$ ds.

En juillet 1904 moyenne 44 $^{5}/_{16}$ ds.

Dans la séquence des faits de l'économie sociale, où l'effet des uns est en même temps la cause des autres, nous devons détacher la question du change comme la plus saillante, car elle est la révélatrice de la perturbation financière et économique dont nous avons souffert.

Attaquer la question du change dans ses causes et ses origines, et atténuer parallèlement ses effets ou conséquences, c'est résoudre le problème qui pèse sur l'administration et l'économie du pays.

Ce n'est pas cependant un travail facile, ni d'une réussite rapide. Toutefois nous avons le devoir d'employer les meilleurs efforts pour obtenir le résultat auquel nous prétendons.

Nous attaquons la question dans son origine en régularisant la situation financière et développant les forces économiques, suivant l'opinion de l'économiste allemand Otto Heyn.

Nous atténuons ses effets en restreignant la circulation fiduciaire à l'absolument indispensable, et cherchant tous les moyens, que la pratique suggère, et que la science conseille, pour limiter l'emploi de ce moyen d'échange, sans toutefois gêner l'expansion des transactions.

Les propositions que, plus loin, nous aurons l'honneur de soumettre à votre examen visent le but proposé; mais cependant pas d'une manière complète, parce que les branches de l'administration financière sont nombreuses, et il était impossible, par le manque de temps, de les traiter toutes.

*

* *

La réfonte de notre système tributaire dont la nécessité se fait sentir et que l'opinion éclairée réclame, exige des travaux préalables d'information et d'enquête, qui, par leur nature, exigent du temps.

En conformité avec la loi du 29 juillet 1899 et le règlement du 10 août 1903 on a poursuivi l'évaluation du revenu de la propriété urbaine, pour le lancement de la respective contribution. 47 commissions d'expertise fonctionnent, actuellement, dans les districts du continent, et à l'honneur des illustres ingénieurs qui les président, nous pensons pouvoir affirmer que les travaux faits sont très appréciables, le nombre des propriétés évaluées dépasse trente mille. Il est urgent de continuer ce service afin de le terminer sans rétard, car on doit espérer beaucoup de la révision à laquelle on procéde.

*
* *

Le projet de tarif douanier, que mon illustre prédécesseur présenta au Parlement dans la dernière session législative provoqua des réclamations des classes industrielles et commerciales du pays.

Dans le but d'harmoniser les intérêts du commerce et de l'industrie, le Gouvernement chargea la commission qui travaille avec tant de dévouement à ce project, d'apprécier ces réclamations et de procéder aux enquêtes nécessaires.

Le tarif douanier est lié à l'économie de la nation, il est donc juste que l'on pèse dûment et que l'on étudie avec attention tout ce qui se rattache au travail national et à l'activité mercantile, qui, également, sont des facteurs de la richesse du pays.

Dès que la commission aura fini sa tache le Gouvernement présentera le project de loi.

*
* *

L'impôt du real d'eau a baissé dans ces deux dernières années et plus particulièrement dans la dernière ainsi qu'on le voit dans le tableau suivant:

Note par nature des produits de l'impôt du real d'eau (octroi) liquidé dans les années économiques de 1892-1893 à 1903-1904

Années économiques	Produits							
	Viandes	Riz	Vin	Vinaigre	Boissons alcooliques	Boissons fermentées	Huile	Total
1892-1893..........	248:671$680	48:083$612	583:243$518	18:370$094	126:036$571	7:692$201	97:931$387	1.130:029$063
1893-1894..........	248:087$974	51:921$572	475:739$021	16:857$061	122:621$688	7:383$127	90:566$778	1.013:177$221
1894-1895..........	245:119$424	47:402$452	421:129$561	15:323$570	131:625$503	6:936$551	93:201$661	960:738$722
1895-1896..........	262:613$426	44:495$511	484:377$238	16:672$743	142:364$661	7:540$995	95:020$967	1.053:085$541
1896-1897..........	269:759$002	51:796$291	507:465$545	16:689$637	140:224$677	7:569$371	93:089$311	1.086:493$834
1897-1898..........	265:290$940	50:932$305	496:550$551	16:626$255	141:026$007	7:958$532	93:170$082	1.071:549$672
1898-1899..........	268:812$621	47:574$119	523:087$470	16:591$561	161:702$856	7:839$319	90:412$828	1.115:970$774
1899-1900..........	268:716$031	47:956$212	556:295$876	16:702$071	162:849$313	8:090$618	96:592$408	1.152:202$524
1900-1901..........	259:512$432	46:635$540	596:955$732	17:814$472	170:803$786	246$435	98:355$749	1.190:824$146
1901-1902..........	258:897$242	47:762$409	609:821$355	18:284$381	164:167$427	17$526	103:858$566	1.202:308$906
1902-1903..........	262:740$460	50:362$751	599:059$184	18:638$039	161:866$289	6$580	107:308$570	1.199:981$873
1903-1904..........	278:751$769	49:234$403	514:431$339	17:436$968	154:681$280	103$814	106:959$463	1.120:598$586

Cette diminution de recette d'environ 80 contos ne pouvait passer sans être remarquée; en procédant aux investigations nécessaires on constata qu'elle était due en partie à la dissette de la récolte du vin en 1903; les districts du nord du pays furent les plus éprouvés.

La diminution de la production provoqua la cherté du prix qui, à son tour, donna lieu à une réduction de la consommation, un grand nombre d'établissements de vente fermèrent. Seulement dans le district de Braga le nombre des maisons de vente fermées s'éleva à environ cinq cents.

Le décroissement du real d'eau sur les boissons fermentés que l'on constate par le tableaux ci-dessus, vient de l'élimination de la bière du nombre des boissons soumises à cet impôt, cette boisson étant admise à payer l'impôt spécial de fabrication et de consommation, en vertu du décret du 14 juin 1901.

Avant de terminer ma revue financière, je dois appeler votre attention sur la nécessité de régulariser la situation entre le Trésor et la Compagnie d'Ambaca.

Mon illustre prédécesseur, dans le rapport qu'il presenta au Parlement dans la dernier session, montra quel était l'état de la compagnie; et après la très développée et lucide exposition des contrats réalisés et des conditions financières et économiques dans lesquelles la dite compagnie, le trouvait, il concluait en donnant le conseil qu'une commission parlamentaire, dans laquelle entreraient les représentants de tous les partis politiques, serait chargée d'étudier dûment la question et de proposer ce qu'elle jugerait le plus convenable.

L'idée, paraît il, fut bien reçue, il ne me reste qu'à insister pour que, dans la présent session, la commission soit nommée, car il est absolument urgent de traiter cette question, avec la prudence que recommandent les intérêts les plus élevés du pays.

Situation économique

La situation économique se juge généralement par le mouvement commercial, parce qu'il révèle non seulement l'action mercantile, proprement dite, mais aussi les faits qui touchent à l'économie de l'agriculture et de l'industrie.

Le développement du commerce du pays est encourageant. Et si quelque circonstance occasionelle le fait faiblir une année, il reprend vite, l'année suivante, sa place dans l'échelle ascensionnelle qu'il a parcorrue.

C'est ce qui est arrivé l'année dernière.

En 1900 notre commerce d'importation et d'exportation s'élevait à 122:856 contos, en 1901 il descendit à 117:054 contos, et à 112:636 contos en 1902, et nous voyons que dans l'année qui vient de finir il a atteint 124:416 contos.

La diminution dans ces deux années, se manifeste tant dans l'importation que dans l'exportation.

L'importation, qu'en 1900 était de 75:825 contos, baissa à 73:298 contos en 1901 et à 69:899 contos en 1902, pour après monter en 1903 à 76:305 contos. L'exportation qui si chiffrait en 1900 par 47:031 contos, descendit en 1901 et 1902 respectivement a 43:756 et 42:737 contos, pour atteindre en 1903, 48:111 contos.

Si nous divisons ces sommes par classes du tarif des douanes nous trouvons : dans la classe des animaux vivants 2:831 contos en 1900, 3:348 contos en 1901, 4:201 contos en 1902, et 3:334 contos en 1903. On voit par là que ce ne sont pas les articles de cette classe qui ont influé dans la dépression des valeurs importés en 1901 et 1902. En matières premières pour les arts et l'industrie 27:399 en 1900, et respectivement 25:966 contos, 26:277 contos et 26:429 contos dans les années suivantes de 1901, 1902 et 1903. Les éléments statistiques démontrent que les altérations ont été, non seulement irrégulières, tantôt en plus tantôt en moins, mais aussi tellement disseminées, par rapport aux divers produits de cette classe, qu'aucune d'elles n'attire particulièrement l'attention.

En fils, tissus, feubres et ouvrages respectifs l'importation a été de 6:514 contos en 1900, baissant à 6:458 en 1901, et à 6.417 contos en 1902, pour après monter à 6:911 contos en 1903, l'augmentation de cette dernière année étant principalement due à une plus grand consommation de fils e de tissus de coton qui de 3:020 contos en 1902 passa à 3:330 contos en 1903.

La plus grande différence se rencontre dans les substances alimentaires; les entrées furent de 15:367 contos en 1900, 12:930 contos en 1901, et de 10:561 contos en 1902, passant en 1903 à 13:376 contos; cette diminution, loin de nous préoccuper, doit, au contraire, nous réjouir, il est à désirer qu'elle se repète, par les mêmes causes, attendu qu'elle est principalement due à une moindre importation de blé et de maïs.

En 1900 nous avons importé 4:973 contos de blé et 1:743 contos de maïs; en 1901, blé, 3:145 contos, maïs 317 contos.

En 1902, blé, 417 contos, maïs 532 contos, c'est-à-dire que, l'importation de ces deux espèces de céréales, qui dans l'année 1900 atteignit 6:716 contos, tomba à 949 contos en 1902, et ainsi s'explique que dans cette classe du tarif la différence dans l'importation a été cette année de 4:806 contos, inférieure à celle de l'année précédente. En 1903 le blé importé s'est élevé à 3:041 contos et le maïs à 275 contos.

En ce qui concerne la classe des appareils, instruments, machines et utensiles divers, l'importation pendant les années que nous examinons de 1900 à 1903 a été respectivement de 3:523 contos, 4:579 contos, 3:524 contos et 3:790 contos. Finalement les diverses marchandises manufacturées qui sont entrées, pendant la même période, ont toujours augmenté de valeur, passant de 4:000 contos à 4:458 contos, à 4:521 contos et à 4:856 contos.

Procédant de la même manière à l'égard de l'exportation nous notons que pour les animaux vivants la sortie a été 3:846 contos en 1900, 3:377 en 1901, 3:470 en 1902, et 4:224 en 1903. En matières premières nous avons exporté 5:800 contos en 1900, et dans les trois années suivantes 6:114 contos, 5:890 contos et 6:189 contos.

Les matières premières qui tiennent la première place dans notre exportation sont le liége et les minérais. Le liége exporté en 1900 avait une valeur de 2:465 contos, et de 2:694 contos, 2:606 contos et 2:846 contos dans les trois dernières années. Dans les minérais la statistique accuse une dépression, car en 1900 la sortie ayant atteint 1:433 contos descendit successivement à 1:345 contos en 1901, à 1:285 contos en 1902 et à 1:189 contos en 1903.

En fils et tissus nous avons exporté respectivement 2:542 contos, 1:133 contos, 992 contos et 1:888 contos, dans les quatre années qui nous examinons.

Dans cette classe du tarif les tissus de coton constituent notre principale exportation. Cette branche d'industrie qui a traversé une crise violente, a vu la valeur de ses produits exportés passer de 2:083 contos en 1900, à 940 en 1901, à 600 en 1902, et à 1:027 contos en 1903.

Dans les substances alimentaires l'exportation est répresentée par 16:368 contos en 1900, 15:482 en 1901, 16:241 en 1902, et 16:232 contos en 1903.

La différence en moins de 1901 est due à la faible sortie de nos vins dans cette année, puisque en 1900 la valeur des exportations de ce produit est répresentée par 10:629 contos, en 1901 par 9:733 contos, et montant dans les deux années suivantes à 10:343 contos en 1902 et à 10:139 contos en 1903.

L'exportation en appareils, instruments, machines et utensiles est relativement de peu de valeur, elle a été à peine de 155 contos en 1900, baissant à 108 contos, 125 contos e 96 contos dans les années suivantes.

Dans la classe des articles manufacturés la valeur exportée a été de 2:217 contos, dans la première de ces quatre années elle descendit dans les deux suivantes à 1:865 contos et à 1:742 contos, pour s'élever en 1903 à 2:012 contos.

Comparant les valeurs exportées avec celles que nous importons, on constate qui la disproportion est grande et qu'il est urgent de provoquer l'extension de l'exportation de nos produits.

Dans son ensemble le développement de notre commerce a été graduel et successif, ce qui est une garantie de stabilité. On a travaillé beaucoup dans ces dix dernières années pour que le mouvement général d'importation et d'exportation, répresenté en 1894 par 84:420 contos, augmente d'environ 50 por cent jusqu'à 1903 où il atteignait 124:416 contos; ces chiffres se décomposent comme suit:

	1894 — Contos	1903 — Contos
Importation et exportation	59:590	89:400
Réexportation et transit	24:830	35:016
	84:420	124:416

Parallèlemente au mouvement de marchandises, le mouvement de la navigation s'est aussi devéloppé. Le nombre total d'embarcations à vapeur et à voile, de long cours et de cabotage, entrées dans nos ports, et leur tonnage respectif a été: en 1900, 10:437 avec 11.283:714 tonnes; en 1901, 10:657 avec 11.736:388 tonnes; en 1902, 11:264 avec 13.073:772 tonnes, et en 1903, 10:932 avec 14.043:322 tonnes.

Séparant les embarcations de long cours de celles du cabotage, et les navires à vapeur des navires à voile, nous pouvons dresser le tableau suivant:

Années	Long cours				Cabotage			
	A vapeur		A voile		A vapeur		A voile	
	Nombre	Tonnage	Nombre	Tonnage	Nombre	Tonnage	Nombre	Tonnage
1900....	4:939	9.712:886	1:287	268:879	938	1.078:165	3:273	223:784
1901....	5:172	10.174:992	1:321	239:801	892	1.105:075	3:272	217:020
1902....	5:617	11.515:258	1:377	229:615	871	1.091:108	3:399	237:791
1903....	5:783	12.452:832	1:247	223:275	702	1.093:355	3:200	273:860

Ces chiffres confirment les observations faites depuis longtemps, savoir, la tendance à augmenter la capacité des navires dans la navigation de long cours.

L'augmentation du nombre des vapeurs a été de 744, tandis que le tonnage augmentait de 2.739:046 tonnes de 1900 à 1903.

Dans la navigation de cabotage le fait est encore plus concluant, car pendant que le nombre d'embarcations diminuait de 938 à 702 ou 236 vapeurs, le tonnage augmentait de 15:190 tonnes.

Relativement à la navigation à voile, la décadence graduelle et successive continue à s'accentuer dans toutes les marines marchandes, et son emploi se restreint de plus en plus pour les voyages de long cours.

Le mouvement de la navigation comme élément d'appréciation du trafic mercantil ne peut passer inaperçu. Le tonnage des vapeurs qui fréquentent notre port a presque doublé pendant les dix dernières années, puisque étant en 1891 de 7.204:407 tonnes, il atteint en 1903, comme nous l'avons dit, 14.043:322 tonnes.

*

* *

Complétons la revue que nous passons aux forces économiques du pays par l'examen de ce qui se passe sur les lignes ferrées de l'État et des compagnies, en comparant les années qui limitent la dernière période décennale que comprend la statistique publiquée.

En 1893 le nombre de kilomètres en exploitation était de 2:334, et en 1902 de 2:386. La différence n'est pas grande, mais par cela même le développement de la circulation sur les voies ferrées s'accentue davantage.

En 1893 elles transportaient 6.241:551 passagers et en 1902, 12.789:494, de 1893 à 1902 il y a eu donc une augmentation de 104,90 pour cent.

Les marchandises transportées indiquent une différence plus grande. En 1893 elles furent représentées par 1.482:391 tonnes et en 1902 par 3.444:772 tonnes, ou 132,37 pour cent de plus.

En grande vitesse, le transport qui en 1893 était de 76:745 tonnes, passa en 1902 à 156:152 tonnes, ce qui représente une augmentation de 103,47 pour cent.

En petite vitesse, le mouvement qui était 1.405:646 tonnes, atteignit en 1902, 3.288:590 tonnes, soit une augmentation de 133,95 pour cent.

L'importance du trafic est également significative.

Années	Passagers	Marchandises		
		Total	Grande vitesse	Petite vitesse
1893.........	2.470:382$384	2.811:918$433	425:899$402	2.416:019$031
1902.........	3.502:618$788	4.632:198$977	714:160$598	3.918:038$379
Augmentation	41,78 %	63 %	67,68 %	62,16 %

Si le prix du transport des marchandises sur les lignes ferrées a été de 2:841 contos de réis en 1893 et de 4:632 contos de réis en 1902, on peut estimer à plusieurs dizaines de mille contos la valeur des propres marchandises; l'augmentation qui s'est produite dans les derniers années est vraiment extraordinaire.

*
* *

Indiqués les faits de notre situation économique il n'est pas nécessaire d'en faire la critique.

Les chiffres qui les représentent sont tellement suggestifs, ils parlent si haut par leur grandeur ils sont visibles de si loin qu'à l'intérieur et hors du pays, on doit reconnaître que ce peuple possède encore la persistance, la ténacité et la force pour vaincre par le travail.

Les difficultés et les ressources du pays, leur convenable utilisation, sont, dans ce cas, la meilleure thérapeutique.

Notre agriculture, après une longue période de pratiques routinières, s'est éclairée et a progressé; notre industrie, quoique vacillante, comme tout ce qui débute, s'est développée; et notre commerce, toujours avisé et prudent, modernise ses actes.

Les progrès de l'agriculture, le développement de l'industrie et la modernisation du commerce doivent puissamment contribuer à l'agrandissement économique du pays.

Proposition de loi

Conversion des obligations et renouvellement du contrat des tabacs

La loi du 29 juillet 1899 auctorisa le Gouvernement à faire la conversion des obligations de 4 ½ pour cent, crées en corformité des lois du 23 mars 1891 et 21 mai 1896, avec garantie spéciale du revenu des tabacs, indiquant la limite maxime de 75 années pour l'amortissement des nouvelles obligations, et 5 ½ pour cent pour le taux de l'intérêt du respectif capital, ce dernier conservant la même garantie.

Aux termes du contrat de l'emprunt du 26 février 1891, ces obligations ne pouvaient être remboursées avant l'année 1900, et cependant la loi du 29 juillet 1899 vient opportunement faciliter au Gouvernement l'usage de la faculté qui lui donnait le dit contrat, et préciser les conditions de temps et de charges pour le nouvel emprunt à contracter.

Tous ceux qui se dédient avec attention à l'étude de notre situation financière étaient, depuis longtemps, convaincus que l'opération financière de la conversion des obligations, dont il s'agit, serait avantageuse, parce qu'elle aurait pour conséquence, ou une importante diminution des charges des obligations et par suite réduction des dépenses budgetaires ou, en plus de cela, il y aurait un moyen facile de solder la dette flottante externe, ou encore, en maintenant la charge annuelle inscrite au budget, on pourrait obtenir par l'augmentation du capital du nouvel emprunt une quantité d'or qui influerait avantageusement pour la régularisation du change.

L'opinion général était aussi que la rente du monopole de fabrication des tabacs pourrait être supérieure à celle fixée par le contrat du 26 février 1891 approuvé par carte de loi du 23 mars de la même année, et que le Gouvernement devait, toutefois, donner pour terminée la concession actuelle à la fin de sa première période.

Pour user de cette faculté, le Gouvernement était obligé, aux termes du n° 1er de l'article 6e des bases annexées au dit contrat, de faire part de sa résolution à la compagnie concessionnaire, au plus tard deux ans avant la fin de cette période, c'est-à-dire, en 1905.

Puisqu'il n'y avait pas de divergence d'opinions sur les avantages que l'État retirerait, tant de la conversion des obligations que de la rescision du contrat des tabacs, il était, cependant, nécessaire de connaître laquelle des deux opérations devait être faite la première.

Par le contrat mentionné du 26 février 1891, la concession du monopole de la fabrication des tabacs fut faite pour trente-cinq années qui prennent fin en 1926, avec faculté de rescision à l'expiration des seize premières années. Et les obligations répresentatives de l'emprunt fait au Govvernement par la compagnie concessionaire, émises en deux séries, en 1891 et en 1896, ayant pour garantie la rente que cette compagnie paye à l'État, doivent être amorties dans le délai de la concession.

Cependant d'après le § 6e de l'article 4e des bases annexées au contrat, si la concession est rescindée à la fin de la première période de seize années, le Gouvernement devra, préalablement à la prise de possession, rembourser au pair toutes les obligations qui ne seraient par amorties.

De ces dispositions on conclut que pour que le Gouvernement puisse dénoncer, en 1905, le contrat des tabacs, il doit, prudemment, se mettre tout d'abord en situation de payer les obligations qui seraient en circulation.

Comme le payement des obligations actuelles pourrait seulement s'effectuer par une opération de conversion, il était naturellement indiqué, par la force des circonstances, quelle était la marche à suivre, c'est-à-dire, traiter premièrement de la conversion, et cette opération assurée, dénoncer alors le contrat de 1891.

Ainsi le Gouvernement pourra se mettre en mesure de procéder simultanément à la conversion et au renouvellement du monopole de la fabrication des tabacs; mais il serait impardonnable s'il denonçait le contrat actuel sans que le payement des obligations soit garanti.

La loi du 29 juillet 1899 une fois promulguée, tous mes illustres prédécesseurs ont cherché à la mettre à exécution; nous ne mentionnerons pas ici les diligences qu'ils ont faites les efforts devoués qu'ils ont employés, combien, en somme, ils ont travaillé en faveur des intérêts du Trésor; les documents que nous publions plus loin prouvent amplement qu'ils ne négligerent pas, même un instant, une si importante question.

L'examen des documents montre également que tous les propositions pour l'emprunt destiné à la conversion exigeaient que l'industrie des tabacs se mainteint dans le système du monopole.

Peu de temps après avoir assumé la gérence du portefeuille des finances, informé que la Compagnie des Allumettes se jugeait obligée à satisfaire à la demande qui lui fut faite en janvier, savoir, si elle maintenait la proposition qu'elle présenta le 7 dézembre 1900, je me mis officiellement en rapport avec cette compagnie et l'invitais à donner sa réponse avec la plus grande brièvété possible.

Le terme du délai pour la dénonciation du contrat des tabacs s'avançait, l'année prochaine 1905, et il était indispensable de traiter cette question d'une si grande valeur pour les intérêts du pays.

La Banque Lisboa et Açores présenta ensuite une proposition pour la conversion, dans laquelle elle exigeait aussi un contrat pour l'exploration du monopole des tabacs durant soixante ans, période égale à celle du payement des obligations de l'emprunt proposé.

En même temps le président du conseil d'administration de la Compagnie des Tabacs, par télégramme de Paris, informait le Gouvernement que la compagnie, liée à un groupe financier puissant, se proposait de contracter la conversion à des conditions avantageuses pour le Trésor.

Le Gouvernement reçut après, de la Compagnie des Allumettes, la réponse qui lui avait été demandée, et cette compagnie désirant que les bases précises lui soient indiquées, afin de formuler la proposition d'emprunt, nous informames verbalement les representants de la même compagnie, le 9 juillet, que le type des obligations pourrait être de 4 pour cent, le délai d'amortissement soixante années, nous leur demandions, à cette occasion, de vouloir bien envoyer leur proposition, le Gouvernement s'occupant, à ce moment, de cette question.

Les documents que nous joignons indiquent bien tout ce qui s'est passé avec la Compagnie des Allumettes, et nous devons faire remarquer que la compagnie disant, dans sa proposition pour la conversion, qu'elle ne stipulait aucune prorogation du monopole du tabac au delà de 1926, le Gouvernement trouva opportun d'éclaircir ce point, et il fut entendu que du moment que le Gouvernement avait la faculté le rembourser les obligations qui seraient en circulation, la prorogation du monopole n'était pas, dans ce cas, nécessaire, puis que, au contraire, le monopole continuerait à subsister, comme conséquence forcée, pour la garantie des obligations, jusqu'à leur complet payement.

Toutes les circunstances pesées, avec l'attention que devait mériter une affaire de si grande envergure, soit au point de vue des garanties que les liaisons financières des contractants pouvaient offrir et qui étaient indispensables, soit relativement aux facilités ou difficultés que pourraient se présenter pour obtenir l'admission à la cote, dans les pays étrangers, des nouveaux titres que se créeraient, le Gouvernement arriva à un accord avec la Compagnie des Tabacs et avec le groupe financier qui l'accompagnait, un contrat provisoire fut signé, que nous nous soumetons à votre illustre appréciation.

Ce contrat provisoire se réfère, non seulement à la conversion des obligations actuelles; mais aussi au renouvellement du contrat des tabacs.

Cet emprunt pourrait être fait pour une somme moindre s'il était uniquement destiné à la conversion, mais le Gouvernement a entendu qu'il devait profiter du moment opportun de, avec avantages pour le Trésor Public, payer la dette flottante externe, consolidant ainsi cette dette et diminuant les charges respectives.

Si nous comparons l'annuité destinée aux obligations actuelles et les charges de la dette flottante externe avec l'annuité nécessaire pour les intérêts et l'amortissement de l'emprunt contracté, nous constatons une différence de mille contos, qui constitue le somme par laquelle se traduit annuellement, dans le budget de l'État, les avantages résultants de l'opération de la conversion.

A partir de 1915 l'importance des nouvelles obligations pourra être remboursée; cette condition permettra d'améliorer les charges respectives, si les circonstances le permettent et si la situation des marchés financiers est opportune.

Si on juge qui c'est une occasion propice pour renforcer les réserves de la Banque de Portugal, en régularisant la situation entre le Trésor Public et la Banque, l'emprunt pourra s'élever à la somme de 350 millions de francs.

Et, de plus dans ce cas, l'annuité pour les intérêts et l'amortissement sera inférieur à la somme inscrite au budget pour les obligations actuelles de 4 $^1/_2$ pour cent émises en 1891 et 1896.

Inutile d'envisager la portée qu'aura dans la question du change le renforcement qui sera obtenu par ce moyen, des réserves de notre banque d'émission, il est superflu d'insister, les dignes répresentants de la nation sont trop bien fixés à ce sujet. Le Parlement résoudra le mieux qu'il jugera dans son élevé criterium.

Le document spécial, auquel le contrat se réfère, contient uniquement le prix auquel cette opération a été traitée. Il est d'usage financier de ne pas publier ce prix avant la réalisation de l'émission, et pas un contractant se soumettrait à l'exigence de la publicité dans une opération prise ferme. Nous pouvons, toutefois, informer la Chambre que, grâce à des circonstances occasionnelles, la charge restera bien en deçá de la limite marquée par la loi du 29 juillet 1899, attendu que, l'intérêt réel, par semestre, est inférieur a 2,40 pour cent.

Sans aucune doute, les termes dans lesquels l'emprunt a été contracté, les garanties de son exécution, l'assurance que le Gouvernement a obtenu pour l'admission à la cote des nouveaux titres dans le marché de Paris, tout indique clairement que cette opération financière est non seulement une des meilleurs que le pays ait réalisée, comme vous le constaterez, mais aussi que notre crédit va se fortifiant et s'affirmant de jour en jour.

Source abondante du progrès de la richesse, le crédit est un élément essentiel de la vie financière et économique de tous les pays: et le rapport intime qu'existe entre la situation des finances publiques et l'économie particulière, fait que l'opération réalisée réagit aussi, par sa grandeur et ses conditions, en faveur de toutes les forces économiques de la nation.

*
* *

Nous avons dit plus haut et diverses tentatives l'ont démontré, qu'il est indispensable pour la réalisation de l'emprunt de conserver le monopole de fabrication des tabacs, et qu'il ne faut pas, nous le répétons encore, dénoncer le contrat actuel sans avoir assuré le payement des obligations en circulation, aussi le Gouvernement a jugé qu'il devait négocier, avec profit pour l'État, le renouvellement du contrat avec la compagnie concessionnaire. Grande serait la responsabilité du Gouvernement s'il ne mettait pas à profit l'occasion, depuis longtemps désirée par tous, d'augmenter les recettes publiques par une accroissement de la rente de fabrication des tabacs.

Une condition nécessaire s'imposait: le terme de la prorogation de la concession devait accompagner ou être égal à celui de l'amortissement du nouvel emprunt, et pour cette raison le terme fut porté à soixante années qui prennent fin en 1965.

Le faculté pour le Gouvernement de déclarer terminé le nouveau contrat em 1926, date de la fin du contrat actuel, et successivement à la fin de chaque période de dix ans, en 1936, 1946 et en 1956, lui a été réservée.

La rente, qui actuellement est de 4.500:000$000 réis, a été augmentée, dans les premières années de 1.100:000$000 réis, et successivement et graduellement ces augmentations montent jusqu'à 1.600:000$000 réis, les accroissements de rente, atteignant ainsi pendant les vingt années qui s'écouleront jusqu'à 1926, l'importance de 27.850:000$000 réis, ainsi distribués:

6 années de 1905 à 1911 à 1.100:000$000 réis..	6.600:000$000
5 années de 1911 à 1916 à 1.250:000$000 réis..	6.250:000$000
5 années de 1916 à 1921 à 1.400:000$000 réis..	7.000:000$000
5 années de 1921 à 1926 à 1.600:000$000 réis..	8.000:000$000
	27.850:000$000

La part qui revient à l'État dans la partage des bénéfices, qui par le contrat actuel est de 60 pour cent, a été également augmentée, elle sera de:

70 pour cent dans les 6 années de 1905 à 1911;

75 pour cent dans les 5 années de 1911 à 1916;

80 pour cent de 1916 jusqu'à la fin de la concession.

Après avoir indiqué succintement les parties de l'économie du contrat qui ont été altérées, nous devons ajouter que le régime actuel est en vigueur jusqu'en 1907, et le contrat que vous allez apprécier devant commencer en 1905, il y a une antécipation de deux années, ce qui, par rapport à la rente, présente une avantage immédiate, pour le Trésor de 1.100:000$000 réis chaque année, somme qui à l'avenir sera accrue de l'augmentation que pourra se produire dans le portage des bénéfices.

Les deux opérations, celle de emprunt destiné à la conversion et celle du renouvellement du contrat du monopole des tabacs, influeront sur le budget de l'année prochaine pour la somme de 2.095:736$569 réis, dans les articles ci-après:

Diminution des charges pour le service des obligations..................................	406:341$450
Diminution correspondent dans le charges de l'or	89:395$119
Charge de la dette flottante (chiffres ronds).......	500:000$000
Augmentation de rente.........................	1.100:000$000
	2.095:736$569

Si l'emprunt est de 350 millions de francs la réduction de charges des obligations sera moindre, mais la part relative à la différence de change sera plus grande, puisqu'elle atteindra tout le service de notre dette externe.

Il n'est pas nécessaire de mettre en évidence l'importance de l'opération réalisée. En plus d'être d'un envergure plus grande que celles traitées jusqu'à présent, elle est aussi par ses conséquences d'une grande signification financière et d'un résultat économique de valeur.

La dette flottante externe, qui, au dire des spécialistes, constitue un péril pour tous les États, disparaît; les recettes augmentent; les dépenses diminuent; le crédit s'affirme.

Le Gouvernement a employé tous ses effort pour mener a bon terme les négociations, et convaincu que ce contrat contribuera puissamment, soit directement soit indirectement à dégager complètement la situation du Trésor, il soumet à votre appréciation la respective proposition de loi.

Modification du système monétaire

La condamnation de notre système monétaire, soit en relation à la monnaie de compte, soit en relation au titre de la monnaie réelle ou effective, date de loigtemps.

Jusqu'à présent aucune occasion pour la modifier ne s'est présentée aussi propice que celle dans laquelle nous nous trouvons actuellement, si nous voulons suivre l'opinion de beaucoup d'économistes et financiers.

Nous sommes en voie de rétablir la circulation métallique. Notre or monnayé a émigré, et par ses qualités, il a dû être fondu et transformé en monnaies d'autres pays ou en objects d'orfèvrerie. Il n'y a donc pas d'inconvénients à ce que la monnaie d'or que nous aurons à frapper, répose sur des bases différents de celles établies par la loi du 29 juillet 1854.

Quant à la monnaie d'argent elle pourra être modifié avec manifeste avantage pour les résultats que sa transformation doit procurer au Trésor.

Au sujet de la monnaie de nickel et de bronze sa substitution s'impose, elle est généralement reconnue comme une nécessité impérieuse par les falsifications que celle de nickel a provoquées et par l'incommodité de celle de bronze.

*

* *

La première qualité à observer dans la monnaie d'or c'est le titre ou la quantité d'or fin qu'elle contient.

Le titre le plus élevé est celui de 916 $^{2}/_{3}$ millièmes, et quatre pays seulement ont leurs monnaies d'or à ce titre, ce sont: le Portugal, le Brésil, l'Angleterre, la Turquie.

Le titre le plus répandu est celui de 900 millièmes, adopté par tous les autres pays d'Europe et de l'Amérique, qui possèdent la monnaie d'or, à l'exception du Méxique.

Le titre le plus bas est celui de 875 millièmes, et la monnaie du Méxique est seule à l'avoir.

Il n'y a aucune raison qui justifie, pour notre monnaie, un titre aussi élevé, et ne pouvant avoir la prétention de circuler universalement, comme la monnaie d'Angleterre, il lui arrive la même chose qu'à la monnaie turque de 100 piastres, c'est-à-dire, passant une foi la frontière, elle ne rentre plus, parce que sa valeur intrinsèque invite à la fondre et à la transformer immédiatement.

Nous proposons donc que le titre de la monnaie d'or soit celui que possède la monnaie de la presque totalité des États européens et américains.

Nous modifions aussi l'unité monétaire, le real, parce que étant d'une valeur infime, il s'éloigne absolument des unités monétaires des autres pays, ce qui, non seulement, induit les étrangers en erreur, mais exige, dans l'indication de chaque somme, un grand nombre de chiffres, originant ainsi, dans les multiples services de l'économie privée, une perte considérable de temps, que ceux qui connaissent de près ces services peuvent bien évaluer.

Comme l'ont fait tous les autres pays, nous choisissons pour indiquer l'unité monétaire, un nom qui représente, en face de l'histoire, notre situation géographique. Le «luso» dira à tout le monde qu'il est la monnaie de l'antique Lusitanie.

Excepté l'Angleterre, dont la monnaie a, dans sa division, la forme complèxe, dans tous les autres États l'unité monétaire est divisée dans la forme décimale jusqu'aux centièmes. Le luso et ses centièmes constituent la monnaie courante que je propose.

Nous moulons le système monétaire que nous avons l'honneur de présenter dans le système de l'union latine du 23 décembre 1865 entre la France, la Belgique, la Suisse et l'Italie, et auquel la Grèce a adhéré plus tard, le 18 novembre 1868.

Divers États ont aussi adopté le système de l'alliance latine. La Roumanie en 1868 et la Bulgarie en 1880 l'adoptèrent intégralement. L'Espagne, en 1868, a fixé l'unité monétaire, le titre de l'or et de l'argent et les pièces d'argent en parfaite égalité avec l'union.

Si la proposition de loi mérite votre approbation, le luso du Portugal sera de valeur égale au franc de France, de Belgique, de Suisse, à la lire d'Italie, au drachme de Grèce, au loi de Roumanie, au leva de Bulgarie, et à la peseta d'Espagne.

Dans la monnaie d'or, nous nous éloignons à peine de l'union latine en établissant la monnaie de 25 lusos à la place de celle de 20. Nous suivons, en cela, l'exemple de l'Espagne, qui a la monnaie d'or de 25 pesetas, et beaucoup d'écrivains financiers conseillent le remplacement de la monnaie de 20 francs par une autre de 25 francs, dans le but d'égaler cette monnaie à la livre sterling. La livre anglaise circulant entre nous comme monnaie légale, ce changement était naturellement indiqué.

*
* *

Pour la monnaie d'argent nous adoptons les deux titres de l'union : celui de 900 millièmes pour les monnaies de 5 lusos, celui de 835 millièmes pour les monnaies de 2 lusos, 1 luso e $^1/_2$ luso.

Le titre de 900 millièmes est non seulement celui de l'alliance monétaire, mais aussi celui de la monnaie d'argent de presque tous les pays de l'Europe et de l'Amérique. L'Allemagne, l'Autriche, la Russie, les États Scandinaves, le Danemarck, la Suède et Noruègue, les États Unis, les Républiques Espagnoles d'Amérique, le possèdent.

Le titre de la monnaie d'argent supérieur à 900 millièmes se trouve seulement, en Hollande où il est de 945, en Angleterre, où il est de 925, en Portugal et au Brésil, où il est de 916 $^2/_3$.

La refonte et la substitution de notre monnaie d'argent, dans les conditions que nous indiquons, sont avantageuses pour notre Trésor, par la marge de bénéfices qu'elles offrent.

De 1854 à 1902 nous avons émis la monnaie d'argent qui suit :

De 1$000 réis	1.800:000$000
De 500 réis	25.665:595$000
De 200 réis	2.932:049$000
De 100 réis	945:270$000
De 50 réis	175:522$000
Total	31.518:436$400

On a rétiré 878:000$000 réis en monnaies de 100 réis et 50 réis, et tenant compte des pièces perdues, il est à présumer qu'il n'y ait pas en circulation plus de 30.000:000$000 réis, ou 750:000 kilogrammes, avec lesquels on pourra frapper:

	Lusos		Kilogrammes
En monnaies de 5 lusos............	75.000:000	ou	375:000
En monnaies de 2 lusos............	50.000:000	ou	250:000
En monnaies de 1 luso.............	20.000:000	ou	100:000
En monnaies de ½ luso............	5.000:000	ou	25:000
	150.000:000	ou	750:000

Examinons quel sera le résultat de l'opération.

Chaque 25 kilogrammes d'argent du titre de 916 ⅔ réduit au titre de 900 donne un bénéfice de 18$480 réis, et réduite au titre de 835 donne un bénéfice de 97$800 réis.

Suivant la distribution que nous indiquons, 375:000 kilogrammes d'argent actuel seront transformés, au titre de 900, en monnaies de 5 lusos, et 375:000 kilogrammes seront convertis, au titre de 835, en monnaies de 2 lusos, 1 luso et ½ luso.

Par conséquent le bénéfice sera:

De la réduction à 900:

$$\frac{25}{18480} = \frac{375000}{x}$$ ou...................... 277:200$000

De la réduction à 835:

$$\frac{25}{97800} = \frac{375000}{x}$$ ou...................... 1.467:000$000

Bénéfice total...... 1.744:200$000

*

* *

La monnaie de nickel à laquelle se réfère la proposition, est destinée à remplacer la monnaie actuelle de bronze, qui sera supprimée, et la monnaie de nickel qui est en circulation sera retirée.

Pour satisfaire aux exigences de la circulation, il sera suffisant de frapper et d'émettre 12.500:000 lusos, distribués dans la forme suivante:

	Lusos
Monnaies de 10 centimes	8.000:000
Monnaies de 5 centimes	3.500:000
Monnaies de 2 centimes	750:000
Monnaies de 1 centime	250:000
	12.500:000

La fabrication de cette monnaie exigera la quantité suivante de métal:

	Kilogrammes
8.000:000 lusos en monnaies de 10 centimes, ou 80.000:000 monnaies à 5 grammes	400:000
3.500:000 lusos en monnaies de 5 centimes, ou 70.000:000 monnaies à 4 grammes	280:000
750:000 lusos en monnaies de 2 centimes, ou 37.500:000 monnaies à 3 grammes	112:500
250:000 lusos en monnaies de 1 centime, ou 25.000:000 monnaies à 2 grammes	50:000
Total	842:500

Si de ces 842:500 kilogrammes nous déduisions 84:000 kilogrammes de monnaies de nickel frappé en conformité de la loi du 21 juillet 1899, et 67:950 kilogrammes de feuilles existantes à l'hôtel de la monnaie, nous voyons qu'il est nécessaire pour cette frappe de 690:570 kilogrammes de métal qui, remplaçant la composition de la monnaie actuelle de nickel, $^3/_4$ de cuivre e 1 $^1/_4$ de nickel, se décomposent de la manière suivante:

	Kilogrammes
Cuivre — $^3/_4$ de 690:750 ou	517,927,5
Nickel — $^1/_4$ de 690:750 ou	172:642,5

Mais comme il existe à l'Hôtel de la Monnaie 48:918 kilogrammes de nickel pur, cette quantité de 172:642,5 est réduite à 123:724,5 kilogrammes qu'il est nécessaire d'acquérir.

La somme à dépenser pour l'acquisition de métal sera donc:

Cuivre — 517:927,5 kilogrammes à 280 réis	145:019$700
Nickel — 123:724,5 kilogrammes à 900 réis	111:352$050
Total	256:371$750

Il faut cependant observer que la monnaie de bronze en circulation, évaluée à 2.000:000$000 réis, est destinée à la vente, après être rentrée et fondue, nous devons donc tenir compte du produit de cette vente.

Le poids des 2.000:000$000 réis de bronze est de 1.200:000 kilogrammes qui au prix de vente de 260 réis produisent 312:000$000 réis.

Tous ces éléments réunis, nous avons :

Prix des métaux pour la nouvelle frappe de nickel	256:371$750
Monnaie de bronze à retirer....................	2.000:000$000
Monnaie de nickel à retirer....................	1.470:000$000
Total...........	3.726:371$750
Déduisant l'importance de la nouvelle monnaie de nickel émise en substitution :	
12.500:000 lusos ou	2.500:000$000
Il manque.......	1.226:371$750
Retranchant le produit de la vente de bronze	312:000$000
Le préjudice sur la frappe du nickel sera de......	914:371$750

Épurant, finalement, les résultats de la transformation des monnaies d'argent et de nickel, en conformité avec la proposition, nous trouvons :

Bénéfice de la nouvelle frappe d'argent..........	1.744:200$000
Perte sur la nouvelle frappe de nickel	914:371$750
Bénéfices nets des frappes............	829:828$250

Cependant, si nous tenons compte des travaux extraordinaires qu'il faudra exécuter à l'Hôtel de la Monnaie, pendant trois années, pour la transformation des pièces subsidiaires d'argent et de nickel, que nous les estimons à, environ, 200:000$000 réis, ce bénéfice sera réduit à 629:828$250 réis.

*

* *

Dans la substitution et l'échange de ces monnaies, nous fixons le rapport de 200 réis par luso, attendu que, actuellement, pour monpayer 1:000$000 réis, 25 kilogrammes d'argent sont nécessaires, et suivant la proposition que nous présentons, 25 kilogrammes d'argent donnent 5:000 lusos.

De là nous sortons le rapport de 1:000$000 réis pour 5:000 lusos ou 200 réis pour 1 luso.

Il peut y avoir, et il y a, certainement, nous ne l'ignorons pas, un petit écart, résultant de la différence de titre; mais la facilité de reduction, pour régulariser les opérations pendant la période transitoire, est suffisamment compensatrice.

Ainsi que le dit Ottomar Haupt, l'État est un grand débiteur et un grand créditeur dans chaque pays, son débit, étant répresenté par les dépenses publiques qu'il doit payer, et son crédit par les recettes qu'il doit encaisser; c'est donc lui le principal intéressé dans la valeur de la monnaie.

Relativement au mouvement économique interne, équilibrant tous les intérêts, le changement du système monétaire n'occasionne aucune perturbation.

*

* *

Une autre conséquence résultera de la réforme proposée.

La réserve actuelle en or de la Banque de Portugal est de 4:837,5 contos de réis, inscrite dans la balance au pair; chaque 10$000 réis correspondant à 16:257 grammes d'or fin, il sera possible, avec cet or, de fabriquer 27.000:000 lusos.

Par l'équivalence légale de 200 réis par luso, la réserve en or de la Banque de Portugal se trouve donc valorisée en 5:400 contos de réis, ou soit 562,5 contos de réis en plus de la réserve actuelle. Ainsi s'élévera la proposition entre la réserve or et les billets en circulation.

Pour cela et à cause du maintien de l'inconvertibilité du billet de banque, il n'est pas juste que la différence de la valorisation de l'or soit portée au compte de profits et pertes, ce qui, dans ce cas, correspondrait à créer des bénéfices avec la propre réserve.

Certainement la Banque de Portugal, ne le ferait pas, dans l'intérêt du crédit de ses billets, mais la disposition consignée, à ce sujet, dans la proposition de loi, répond à toutes les objections.

Et, ceci dit, il me reste, seulement, à ajouter que votre savoir complètera la proposition, en corrigeant ses imperfections.

Droits de transports et de phare

Étant reconnue la rigoureuse nécessité de resserrer nos relations commerciales avec la grande république des États-Unis du Brésil, au moyen de la navigation nationale, il incombait au Gouvernement de créer les recettes nécessaires pour faire face aux charges, qui, pour cette fin, viendraient à pèser sur le budget de l'État.

Une soigneuse et circonspecte révision de la législation en vigueur sur les droits de charge offre la possibilité d'en augmenter le respectif rendement, sans que les sacrifices puissent entraîner une réduction de notre commerce maritime général, permettant, au contraire, quelques adoucissements au lourd tribut auquel, en certaines circonstances, il se trouve actuellement sujet.

Du fait, de l'étude de notre législation fiscale sur les droits de charge, et de la comparaison des dépenses auxquelles les navires sont soumis dans nos ports, avec celles qui leur incombent dans les ports étrangers, il ressort la conviction que, pour les charges qui réprésentent une petite partie du tonnage total, l'impôt, chez nous, est bien loin d'être exagéré, mais il pèse d'un poids excessif quand la totalité ou presque totalité de l'espace disponible des embarcations est occupée par des manchandises destinées à notre pays.

Il est certain qu'il est difficile de concilier le droit à proposer avec la forme différente que revêt chacun des deux grands ports du continent du royaume, c'est pour cette raison que le commerce maritime avec la ville de Porto s'effectue par chargements complets, alors que Lisbonne a principalement le caractère d'un port d'escale ou de transit; mais le devoir s'impose au législateur de tenter de répartir les sacrifices, autant que possible, avec équité, ne les réclamant pas, en entier, de la navigation, qui, par la nature fatale des choses est obligée de réporter les charges sur l'industrie et le commerce national.

L'incidence actuelle des droits de charge sur le tonnage en poids des marchandises déchargées, c'est-à dire, sur les marchandises qui, dans l'importation, constituent de fait l'opération commerciale réalisée par les embarcations, disposition suggérée par les préceptes établis dans la legislation espagnole, est, sans aucun doute, plus raisonnable que celle basée sur le jauge du navire, qui, bien que réprésentant la capacité de charge, ne traduit pas fréquemment, en aucune façon, l'importance du fret qui l'a amené dans nos eaux.

Mais si cette forme d'incidence apporte, en comparaison avec l'autre, des bénéfices immédiats, quand il s'agit de petites charges, elle rejaillit en un tribut élévé, comme déjà cela a été dit, lorsque le mouvement maritime prend la caracteristique de chargements entiers.

La manière d'obvier à cet inconvenient ou sera recherchée dans les différentes taxes à appliquer, selon que la charge sera complète ou partielle, ou dans la limite de la contribution subordonnée au nombre de tonnes de jauge, brutes ou nettes, du navire.

Dans la proposition de loi que nous avons l'honneur de présenter à votre examen, la préférence est accordée au second des procédés indiqués, et ainsi nous pouvons obtenir une imposition qui répresente une recette superieure dans les charges partielles, sans que l'augmentation révête des proportions exagérées ou dangereuses, et qui, malgré l'élévation des taxes, ne va pas influer sérieusement sur les droits payés par la navigation à charges complètes, elle les réduit même, fait qui profite directement à la navigation nationale qui se présente toute avec cette caracteristique.

La proposition augmente les charges de décharge de 100 à 150 réis par tonne de mille kilogrammes de charbon ou de soufre, et de 250 à 300 réis par tonne des autres marchandises; divers taxes sont établies pour la charge chargée, soit de 30 ou 100 réis pour la charge destinée à l'exportation, suivant la nature de la marchandise, et de 50 réis à la sortie pour l'exportation ou transit, par unité de poids indiqué. Une taxe de phare est établie de 10 réis par tonne de jauge brute des embarcations qui fréquentent nos ports, et la contribution à recevoir des navires, pour les passagers transportés, est régularisée. Enfin, il est consigné, qu'en aucun cas, à titre de droits de charge et de décharge, il ne pourra être perçu, à chaque voyage, pour les marchandises déchargées et chargées, une somme supérieure au produit de 400 réis par le nombre qui réprésentera la jauge nette, en tonnes, du navire.

L'établissement de taxes pour les marchandises chargées, attendu la nécessité de l'obtention de recettes, obéit à deux ordres de considérations:

1° Il n'est pas juste que le navire supporte une contribution sur les opérations de décharge qu'il effectue, non plus que sur la charge mise à bord, qui comme la première opération réprésente les bénéfices supposés de son industrie.

2° Que la possible réflexion du droit sur le prix du fret, partiel ou total, obligeait, pour le cas de sortie, à une taxe pour ainsi dire statistique, afin de ne pas créer des embarras à l'exportation ou réexportation des divers produits.

L'établissement d'une taxe de phare permet d'alléger, ou mieux, de compenser dans le budget les articles consignés à cette fin, et de les appliquer à la protection accordée à la marine marchande nationale.

La modicité de l'imposition répond à toutes les observations qui, à ce sujet, pourraient se produire, et l'équité de sa perception se trouve pleinement justifiée par les sacrifices que l'État s'est imposé dans les améliorations des services de cette nature.

Depuis la publication de la loi du 16 septembre de 1890, qui, présentement, règle les droits de charge, il a été beaucoup dépensé pour la transformation de nos ports et leur adaptation aux exigences et commodités du mouvement maritime, sans que les compensations, pour le Trésor Public, correspondent aux dépenses faites.

Il suffrira de rappeler la transformation effectuée dans le port de Lisbonne, qui, par la création de docks, de quais accostables, de magasins généraux, a pris l'aspect d'un véritable port moderne, pour comprendre immédiatement de quels poids, semblabes améliorations ont pésé sur le budget générale de l'État.

Le nombre de phares existants sur les côtes du continent du royaume et îles, et dans les différents ports, a doublé de 1890 à ce jour, et les dépenses respectives de manutention et de réparation ont parallèlement augmenté, sans que la navigation, qui en bénéficie directement, ait au moins participé a pareille charge.

L'injustice du fait est tellement flagrante que déjà Oliveira Martins proclamait que c'était une générosité exagerée d'ouvrir nos ports au transit des navires étrangers sans payement de droits, ou avec des droits minimes, quand au budget figuraient des dépenses considérables pour la police du port, balisage, phares et autres dépenses analogues.

Dans l'établissement des diverses taxes la salutaire différence de traitement, déjà établie, pour la marine marchande nationale, est maintenue.

Et nous disons salutaire, non seulement pour les bienfaisants résultats qu'a produit la réduction des droits, mais aussi pour les bénéfices possibles et futurs qui peuvent naître de cette réduction.

La marine marchande nationale traverse, depuis plusieurs années, une crise affligeante, et dans le retablissement des forces de la nation auquel nous avons tous assisté et qui s'est accentué, particulièrement depuis 12 ans, elle n'a pu parvenir à suivre le progrès générale.

Aujourd'hui, encore, la marine marchande portugaise entrée, avec charge, dans les ports du continent et îles, répresente à peine, dans la navigation au long cours et de cabotage, 5,47 pour cent du tonnage total des navires entrés chargés, et en relation au poids des marchandises transportées, elle figure, dans notre commerce générale, avec, approximativement, 6,08 pour cent de la totalité.

L'augmentation de recettes, créée par la présente loi, peut être calculée en réis 250:000$000, distribués comme suit:

Taxes de charge:	
Pour entrées	110:000$000
Pour sorties.........................	50:000$000
Taxes sur passagers....................	12:000$000
Taxes de phares	78:000$000
	250:000$000

Cette charge peut, avec facilité, être supportée par le pays, alors même qu'elle viendrait à retomber, en totalité, sur les consignataires ou chargeurs, par l'augmentation du prix du fret, ce qui, en grande partie, ne se produira pas, par suite de la concurrence que les compagnies de navigation se feront entre elles; et la simple consideration que l'augmentation de 8:000 contos de réis, or, et même plus, sur les frets payés n'a pas provoqué la diminution du mouvement maritime, qui, au contraire, a augmenté, dans les années où l'or avait un agio supérieure à 40 pour cent (situation qui comparée avec la présente indique pour notre commerce et pour notre industrie un bénéfice de plus de 1:600 contos de réis,) démontre que le pays peut supporter cette charge.

De plus, la charge proposée diminue parallèlement avec l'agio qui, en grande partie contribue pour l'augmenter, par l'exigence du payement en or de diverses taxes, sans que cela nuise à l'importance totale de l'augmentation indiquée, en vue de l'augmentation croissante de notre commerce maritime.

En 1903, pour le grand cabotage et le long cours, le mouvement maritime et général peut être évalué, en chiffres ronds, a 3.100:000 tonnes de 1:000 kilogrammes, dont 1.800:000 pour les marchandises déchargées et 1.300:000 pour celles chargées, le tonnage total des navires employés est évalué à 9.300:000 tonnes, desquelles 2.300:000, approximativement, appartiennent au Funchal.

L'étude prudente et réfléchie à laquelle nous nous sommes livrés dans le but de vérifier les différents caractères de navigation, depuis longtemps reconnus, dans chacun des ports de Lisbonne, Porto et Funchal, nous a, non seulement, conduit à proposer une limite à la contribution des opérations commerciales effectués par les navires, mais aussi elle nous a démontré la nécessité de suspendre, temporairement, l'application des diverses taxes de charge et de phares à la navigation pour le Funchal.

L'énoncé sommaire des résultats que nous avons réussi à vérifier, avec une approximation que nous jugeons suffisante, définiront mieux notre pensée à ce sujet et montreront le criterium que a présidé à l'organisation de la proposition.

Dans le port de Lisbonne les décharges réalisées, inclus les marchandises qui ne furent pas nationalisées et sortirent postérieurement à titre de réexportation et de transit, ont été en 1903 évaluées en tonnes de mille kilogrammes:

Charbon et soufre	524:300
Autres marchandises	412:090

Les navires qui entrerent pour transporter cette charge jaugeaient 4.558:255 tonnes brutes.

En admettant que le charbon et le soufre eussent été transportés en vapeurs mesurant 413:900 tonnes, nous voyons que les 412:090 tonnes de poids des diverses marchandises furent transportées par des embarcations jaugeant 4.144:355 tonnes, et auraient pu l'être par des navires mesurant, à peine, 309:100 tonnes.

En d'autres termes, si les marchandises étaient distribuées proportionnellement à toutes les embarcations, chaque navire aurait transporté un peu plus de 7 pour cent de la jauge, occupés avec charge pour Lisbonne.

A Porto, les entrées peuvent se calculer en chiffres ronds, de:

Charbon et soufre	193:250
Autres marchandises	179:200

pour transporter cette charge les navires entrés dans le Douro jaugeaient 378:200 tonnes de jauge.

Par là on reconnaît, qu'excepté le charbon et le soufre qui sont supposés transportés par charges complètes, les marchandises occuperaient plus de 50 pour cent de la jauge des navires entrés, si elles étaient proportionnellement distribuées entre tous.

La quote-part attribuée au port de Lisbonne, si basse qu'elle soit, définit mieux que toute considération la nature de son commerce maritime et accentue son caractère de port d'escale.

Il n'en est pas ainsi avec la ville de Porto, en face de laquelle les navires ancrent avec plus de la moitié de leur jauge occupé par des produits destinés à une décharge immédiate : cette ville, c'est entendu, une fois de plus, doit être considerée, non comme port d'escale ou de transit, mais comme terme définitif de voyage, d'autant que rarement le navire chargera, en poids, sa capacité maxima.

De cette manière, la limite de la contribution, indiquée dans la proposition de loi, obéit, d'un côté, à la nécessité de ne pas surcharger à l'excès le commerce de Porto qui, en certaines conditions, supportera des charges supérieures même aux actuelles, et, d'un autre côté, elle prévoit et encourage l'établissement, à Lisbonne, de grands magasins de produits coloniaux de nos possessions d'outre mer ou de la république du Brésil, en vue de leur rayonnement vers les marchés européens, grâce à notre position géographique privilégiée.

Ce mouvement commençant et s'accentuant l'occasion alors sera de penser à la création de zones neutres, où la décharge et l'embarquement des marchandises se feraient en meilleures conditions de prix, sans entraves des formalités de douanes et de difficultés administratives, et où la transformation des produits puisse s'opérer comme dans les magasins généraux actuels, lesquels sont cependant bien réduits pour les besoins d'un semblable trafic.

Les déchargements effectués dans le port du Funchal ont été, en 1903 :

	Tonnes
Charbon et soufre	355.700
Autres marchandises	27.300

Comme cette charge a été transportée par des embarcations jaugeant 689.433 tonnes, le charbon et le soufre auraient pu l'être par des navires mesurant 280.820, on reconnaît que les 27.300 tonnes de marchandises diverses correspondent à une jauge de 408.613 tonnes brutes.

Pour mieux comprendre la caractéristique de la navigation pour le Funchal il convient d'étudier attentivement son mouvement maritime :

	Tonnes
En 1903 les navires entrés sur lest mesuraient	4.058.31
Y joignant le tonnage des navires qui déchargerent du charbon, et que l'on suppose sortis vides	280.820
le total	4.338.851

répresentera le nombre de tonnes des navires sortis sur lest si aucun de ceux qui entrerent n'avait pris charge.

Or les navires sortis sur lest jaugeaient............... 2.713.040

la différence.................. 1.625.811

additionnée au tonnage des navires qui déchargerent partiellement................................. 408.613

donnera le tonnage maximum.... 2.034.424

des embarcations qui ont pu recevoir des marchandises.

Comme la sortie totale a été de 178.340 tonnes de poids, desquelles 172.485 de charbon reexporté pour la consommation de vapeurs, nous devons conclure qu'à peine un petit nombre d'embarcations procéda à des opérations commerciales de sortie, spécialement, embarquement de vins, les autres navires se limitant à recevoir du charbon et, parfois, des vivres.

En vertu de la législation en vigueur et par la proposition, quand les vapeurs se bornent à prendre des vivres et du charbon ils sont exemptes du payement de toutes taxes.

Si ces taxes étaient exigées, quand les navires prennent d'autres marchandises en charge, dans le port du Funchal, il est clair qu'ils refuseraient de les recevoir, à moins que ce ne soit en quantité et conditions de prix qui compenseraient largement la charge supportée, ce qui irait surcharger, par trop, une sortie, qui, en 1903, s'éleva à peine à 5.850 tonnes, exportation et réexportation réunis.

De cette façon on pourra éloigner la navigation étrangère de ce port, qui est principalement fréquenté en vue d'approvisionnements de charbon, et qu'elle cessera de fréquenter, quand, pour une simple tonne de marchandise, on leur exigera le payement des taxes de charge et de phare.

Telles sont les raisons que nous ont induit à suspendre, pendant cinq ans, l'application de la loi proposée, au port du Funchal qui, pendant ce temps, continuera a être, comme jusqu'à présent, exempt du payement des taxes de charge et de phares.

Pour une étude complète de la proposition de loi que nous avons l'honneur de présenter, nous résumons, en tableaux, les éléments qui intéressent le plus cette question.

Navigation pour le Brésil

L'idée d'établir un service régulier de navigation entre les deux ports des deux premières places commerciales du pays et les principaux ports du Brésil, s'impose comme une nécessité pour la conservation et l'affermissement des rapports entre les deux États politiques, elle a mérité, par suite, la sympathie de tous ceux qui s'intéressent au développement économique de la nation.

Et nos compatriotes qui luttent dans les terres de Santa Cruz, ancieux de voir flotter, à bord des navires ancrés dans les ports brésiliens, le drapeau qui leur rappelle la patrie regrettée, ont accueilli cette idée avec l'enthousiasme que seul peut bien comprendre celui qui, une fois, est sorti de son pays, et ait éprouvé, là bas, au loin, l'intime commotion que tous ressentent quand on aperçoit le glorieux drapeau du Portugal.

Cette pensée de navigation portugaise pour le Brésil est aujourd'hui si profondément enracinée, que la proposition de loi indispensable pour que cette question vienne à discution sera, à coup sur, présentée à toutes les sessions legislatives, jusqu'à sa réalisation, ou au nom du Gouvernement, ou par quelque représentant de la nation.

Ainsi le comprit mon illustre prédecesseur, et mon devoir est aussi de le comprendre; puisque les problèmes d'administration publique sont posés par les circonstances occasionnelles, les hommes appelés à provoquer leur solution ne doivent jamais se préoccuper si les questions qu'ils traitent ont déjà été examinées, les travaux réalisés antérieurement doivent plutôt leur servir de leçon.

Par une autre proposition que nous avons l'honneur de soumettre à l'appréciation des Cortès, nous recherchons des moyens de recette, avec l'intention de faire face aux dépenses de la proposition qui nous occupe, en ce moment, laquelle représentant une charge pour le présent, devera, dans l'avenir, contribuer à l'accroissement de la richesse publique et, par conséquent, à l'augmentation des revenus de l'État.

Nous ne fatiguerons pas votre attention pour démontrer la nécessité et les avantages de l'établissement d'un service national de navigation entre le Portugal et le Brésil, cette démonstration est, en effet, faite.

Nous rappelerons, à peine, que tous les pays maritimes ont toujours donné le plus grand concours à la navigation, se rendant bien compte, non seulement que la question des frets dans la balance économique a une grande portée aussi n'est il pas indifférent, que le commerce national soit tributaire de la navigation étrangère, mais aussi que la navigation est un facteur très important du développement du commerce.

Nous pourrions citer les frais que tous les pays font avec la navigation marchande, à laquelle ils accordent de gros subsides, sous diverses dénominations; mais nous nous reférons seulement à l'Allemagne, non pour indiquer des chiffres, mais pour rappeler ce qu'elle a fait dans ces trente dernieres années, et comment elle est arrivée à occuper la place proéminente, qui, incontestablement, lui appartient dans le mouvement économique moderne.

Sachant, par expérience que la solide instruction de ses écoles militaires lui donna la suprématie sur les. champs de bataille, elle a très bien compris que par la solide instruction administrée dans ses écoles techniques industrielles et commerciales, elle pourrait préparer de bons éléments pour les campagnes économiques.

Augmentant considérablement le nombre de ces écoles elle est arrivée au point que tous nous observons aujourd'hui: l'industrie allemande rivalisant avantageusement avec l'industrie anglaise et avec l'industrie française; le commerce allemand conquérant des marchés qui autrefois ne lui appartenaient pas.

L'Allemagne doit, en grande partie, le développement de son commerce, aux propagateurs ou commis-voyageurs qui, supérieurement instruits, et très au courant des conditions économiques péculiaires à chaque pays, portent avec les produits, l'enseignement, et donnent la conviction des bénéfices résultant des transactions qu'ils proposent.

Tout l'effort fait serait, néanmoins, incomplet, s'il n'avait pas eté reconnu, en même temps, que le développement de sa marine marchande est indispensable à l'élargissement du commerce extérieur.

Pour stimuler le capital et donner une orientation à son emploi dans les constructions navales, elle eut recours au système des subsides, arrivant ainsi à avoir actuellement, dans toutes les mers, de véritables flottes marchandes, qui valorisent les produits, en les transportant, et augmentent par conséquent la richesse.

C'est par le travail persistant de ses nationaux, par l'action prévoyante de ses hommes d'État, que l'Allemagne, rangée parmi les premiers pays, dans le domaine de la science, et dans les questions militaires, a acquis la place distinguée qu'aujourd'hui lui appartient dans le commerce du monde.

Comme nous l'avons dit, ce n'est pas seulement l'Allemagne qui procède de la sorte si nous visons, de préférence, ce pays, c'est que de tous les états européens, c'est celui qui, dans les temps modernes, a été le plus en évidence, dans l'activité mercantile.

Il ne peut donc y avoir de doutes, pour personne; pour avoir un commerce étendu il faut forcément posséder une grande navigation; et pour développer la navigation, il faut avoir recours au système des subsides.

Dans les siècles passés nous avons donné toute notre attention aux routes maritimes.

Dans les derniers temps nous avons consacré tous nos soins aux chemins terrestres, soit ordinaires, soit ferrés. Il est nécessaire de nous tourner, une autre fois, vers la mer d'où nous vient la gloire, dans le passé, et qui nous apportera la richesse dans l'avenir.

Si à l'État incombe le devoir de faciliter les transports à l'intérieur pour le développement de l'èconomie de la nation, il doit également faciliter les transports à travers les mers.

Jusqu'au milieu du siècle passé, avec notre importante navigation à voile, nous avons été maîtres des marchés brésiliens; nous pouvons le dire, puisque seulement nous enregistrons un fait.

Ce serait une prétention osée de vouloir reconquérir aujourd'hui notre ancienne position commerciale dans ces marchés; mais c'est une ambition légitime d'aller occuper la place qui nous appartient concurremment avec les autres pays, en quoi nous serons certainement aidés par nos compatriotes qui sont établis dans la grande république de l'Amérique du Sud, lesquels n'oublient jamais la terre natale et contribuent constamment à son agrandissement, avec le plus grand dévouement et le plus ardent patriotisme.

Dans les pays où prédomine l'initiative individuelle, les capitaux nécessaires à une entreprise ne peuvent se grouper, sans le stimulant de garanties offertes, ou de résultats lucratifs entrevus, qui les amène à se réunir; et entre nous on n'arrivera à organiser aucune entreprise de navigation pour le Brésil sans que l'État intervienne avec un important subside.

Les leçons de l'expérience diront, à l'entreprise qui se constituera, qu'une administration attentive confiée à des personnes compétentes, est un facteur indispensable de prospérité, et que le subside de l'État est un auxiliaire précieux pour la garantie des capitaux.

Dans la proposition de loi que nous soumettons à votre examen, deux lignes de navigation sont indiquées: une pour le nord et l'autre pour le sud du Brésil. Il ne serait pas pratique que le même service fasse escale à tous les ports de la côte brésilienne, et comme les routes de mer sont nombreuses pour les ports du nord et pour les ports du sud, les deux lignes étaient naturellement indiquées, à la complète satisfaction des besoins commerciaux.

Deux lignes de navigation exigent, évidemment, de plus grandes charges; mais, en compensation, les résultats seront plus grands, dès que l'on cherche, par ce moyen, à lier les marchés portugais à tous les marchés brésiliens avec lesquels nous avons toujours maintenu des relations mercantiles.

Si la proposition que les Chambres von apprécier est convertie en loi, nous ferons un grand pas dans la voie du relèvement de notre marine marchande, et nous rendrons un grand service aux intérêts économiques du pays.

Droits d'importation sur le poisson frais

L'extension considérable de notre côte maritime, la traditionelle richesse en espèces comestibles de poissons des eaux qui la baignent, le caractère de notre race qui, dans les temps réculés, l'a poussa à la conquête de l'Océan, sont les facteurs naturels de l'industrie de la pêche, parmi nous.

L'importance de cette industrie qui alimente le marché intérieur et donne lieu avec les conserves de poisson à un branche importante de l'exportation et du développement économique du pays, n'est ignorée de personne et il serait oiseux de chercher à la mettre plus en évidence.

A elle se livrent des dizaines de milles de bons et vaillants travailleurs, qui si souvent, dans la lutte contre les éléments, risquent la vie pour gagner le pain de chaque jour des leurs, dans une constante et dure labeur, et nous ne savons pas si nous devons être plus étonnés de la tension de l'effort employé que de la mesquine rétribution de ce travail.

Cette classe est pauvre et dépourvue de moyens, raison de plus pour la recommander à l'attention des pouvoirs publics. Il y a peu de temps les maigres bénéfices de cette lutte se trouvaient à l'abri de la concurrence étrangère ; mais récemment on a tenté l'approvisionnement de nos marchés avec du poisson pêché sur les côtes du royaume sous pavillon étranger.

Ce fait a motivé une grande et justifiée alarme dans l'industrie de la pêche, qui d'un coté vit, dans l'emploi exclusif de filets trainants, la destruction possible du poisson ou son éloignement de nos eaux, comme il est arrivé dans d'autres régions, et d'un autre côté, dans la conquête du marché national, une cause de misère prochaine et irrémédiable.

Dans ce sens des répresentations furent adressées au Gouvernement par diverses corporations; la nécessité de protéger la pêche nationale reconnue, nous soumettons à votre examen éclairé le projet de loi qui élève les droits d'importation sur le poisson frais.

Le droit actuel de 10 réis par kilogramme peut être considéré purement statistique et il est loin d'accorder, à l'industrie nationale la protection qui s'est rendu indispensable.

Dans l'élévation à 100 réis de la taxe douanière, afférente au poisson frais, le Gouvernement croit avois trouvé le moyen désiré de défense contre une concurrence qui peut ruiner l'importante industrie à laquelle se livre notre population maritime.

Avec confiance, nous présentons la respective proposition à votre examen, certains que la pensée à laquelle elle obéit méritera votre approbation et vos applaudissements.

Crédit agricole

Les caisses de dépôts et les caisses économiques exercent dans tout le monde civilisé, et spécialement en Europe, des fonctions élévées qui se rattachent aux principales conditions de conservation, de développement et prospérité des nations.

Qu'elles obeïssent, ce qui est rare aujourd'hui, à l'ancien système français, qui concentre tous les fonds dans les mains de l'État, qu'elles obeïssent au système allemand qui distribue l'application des capitaux entre l'État e tous les autres facteurs de l'économie sociale, ces institutions nécessaires, très utiles, sont aujourd'hui, partout, les grands soutiens de l'ordre et les puissants instruments de la civilisation et du progrès.

Recevant des dépôts administratifs, en compte courant de l'État et des corporations, ou en garantie de débits envers l'État; encaissant les dépôts judiciaires, comme assurance du droit civil; accumulant les dépôts volontaires, par la jonction des économies et la garde des fonds de toutes les classes sociales; — ces bienfaisants et admirables établissements sont d'abondantes sources de crédit, où toutes les administrations publiques trouvent d'importantes ressources pour diverses catégories d'emprunts.

En Allemagne, en Autriche-Hongrie, en Suisse, en Italie, et en général où prédomine le système allemand, ils sont aussi agents directs du développement économique, en fournissant de l'argent aux forces productrices, spécialement à l'agriculture.

C'est pour cela que la législation des caisses de dépôts et caisses économiques a été l'objet de successifs et incessants perfectionnements.

Chaque jour on cherche à augmenter leurs moyens, à élargir leur horison, à agrandir leur but.

La pensée générale est de leur laisser, chaque fois, plus ouvert, plus libre, le chemin pour leurs merveilleux mouvements, réclamés par la société moderne et dirigés vers le bien public.

En Portugal la Caisse Générale des Dépôts et Institutions de Prévoyance est régie par la loi du 21 mai 1896, avec les préceptes adoptés dans le règlement du 23 juin 1897 et avec les modifications faites par décret du 30 juin 1898.

Les dispositions contenues dans ces diplomes, beaucoup d'elles d'haute valeur, ayant contribué au développement de cette institution progressive, sont encore insuffisantes pour son expansion et prospérité. Réduire les applications de fonds de la caisse aux uniques contrats avec le Gouvernement, avec les corporations administratives et autres personnes morales dependant de l'État, constitue une situation qui peut et doit être améliorée, conformement à l'exemple étranger, pour le bien de la prévoyance financière et de l'ordre économique.

Une transformation réfléchie et utile se recommande. Faciliter à la caisse l'entrée des dépôts volontaires; apporter à ces dépôts les recettes des corporations protogées par l'État, en les mobilisant, sans préjudice, mais plutôt avec avantage pour ces personnes morales; rendre plus profitable l'application des capitaux de cet établissement; donner une certaine élasticité à ses institutions et fonctions avec les garanties et assurances indispensables; perfectionner les conditions d'évolution et consolidation au moyen de fonds de réserve; assimiler ses crédits à ceux du Trésor national pour impôts, comme pour ses débits l'État est responsable, en dernière instance; commercialiser ses opérations par la simplification des procès judiciaires; moderniser ses services et mouvements, rendre rapide l'expédition des affaires, organiser sa comptabilité d'une façon convenablement adaptée; elargir, en somme, son horizon, pour qu'une administration active puisse amener de grands progrès, concourrant à la prospérité générale: voilà le chemin que les principes, les faits et les circonstances indiquent clairement dans cette importante question.

Le nouveau champ d'action dans lequel le Gouvernement juge hautement devoir mettre la caisse, est celui du crédit agricole.

Si dans tous les pays où l'organisation des caisses obéit fondamentalement au système allemand, dans lequel une grande partie des capitaux respectifs est destinée aux emprunts de l'agriculture, cette orientation financière et économique est encore plus impérieuse en Portugal.

Le crédit, qui dans le commerce et dans le monde des affaires multiplie la capacité productrice des capitaux, ne sert pas de la même manière le capital agricole, comme le dit et le prouve admirablement par des exemples notre distingué économiste Monsieur Anselmo de Andrade.

Dans les dernières années il a été publié, en faveur de l'agriculture portugaise des lois, des mesures de protection et d'encouragement; mais au nombre de ces diplomes, il faut en ajouter un qui par une forme pratique vise le premier élément de fécondation, le crédit rural proprement dit, dont l'organisation tant de fois suggérée, est aujourd'hui plus que jamais réclamée.

Comme on le sait, il est partout réconnu, théoriquement et pratiquement, qu'un dépôt, un gage, une hypothèque, une caution, ne peuvent servir de base au crédit agricole et que celui-ci ne peut laisser d'être personnel. Le distingué économiste et éminent professeur de Vienne, Philippovich, affirme que c'est la connaissance des personnes qui sert de base au crédit personnel, et que l'agriculteur n'étant pas connu dans les institutions urbaines de crédit, force a été de créer des institutions spéciales pour servir le crédit personnel agricole. Ce crédit, cependant, doit être personnel et collectif, organisé au moyen de caisses centrales, qui escomptent le papier garanti par des sociétés agricoles bien constituées.

Ce chemin sera celui que nous pouvons suivre en Portugal, vue la façon dont l'agriculture nationale est entrée dans la période de groupement, indiquée par la solidarité économique et par l'intérêt commun.

L'augmentation moyenne annuelle des dépôts à la Caisse Économique Portugaise peut se calculer à environ 1.000:000$000 réis; et si on adopte des mesures dans le but de faire de la propagande, ce qui s'est fait en tous les pays, en faveur de ces institutions, cette moyenne s'élévera rapidement à un chiffre de beaucoup supérieur. Sur la base de cette progression, on peut donc fonder le crédit agricole avec toutes les probabilités d'une réussite immédiate, ayant des disponibilités pour des avances importantes de capital à notre agriculture, sans craintes de périls pour la Caisse, et en donnant, au contraire, à cet établissement une plus grande solidité, puisque les garanties exigés dans les opérations et l'augmentation des bénéfices, par l'emploi des capitaux déposés, permettent la constitution d'importants fonds de réserve.

L'exemple étranger fortifie notre opinion.

La loi belge de 21 juin 1894 prescrit qu'avec les fonds disponibles de la Caisse Économique Générale il soit fait des prêts aux sociétés cooperatives de crédit agricole e aux agriculteurs. L'Italie, en créant des institutions de crédit agricole à Rome et à Naples, alla chercher d'importantes ressources aux principales caisses économiques. Et dans les deux pays les résultats prouverent que de là viennent seulement des bénéficés, comme aussi de l'emploi semblable de capitaux fait par les nombreuses caisses du système Schulze-Delitzsch et du système Raiffeisen, qui ont pris un grand développement en Allemagne depuis 1870, et en Autriche depuis 1885.

Destiner une partie des fonds de la Caisse générale à l'escompte et au réescompte du papier agricole; adopter le terme maximum d'un an pour l'échéance de ces lettres, répresentatives du capital d'exploitation rurale, en rapport, cépendant, avec le mouvement des récoltes; organiser cette branche spéciale de crédit économique avec de fortes garanties morales, par l'intermédiaire de solides associations d'agriculture, fournissant de l'argent aux agriculteurs qui réussissent les conditions réquises d'honneteté, d'initiative et de solvabilité; commercialiser les opérations ainsi réalisées; rendre dépendante du Gouvernement, des conseils, et de l'administration de la caisse l'exécution de ce projet: c'est certainement une solution qui s'inspire des doctrines les plus consacrées et des faits les plus suggestifs, et offrant toutes les sécurités indispensables, doit conribuer efficacement pour la plus grande et la plus rapide utilisation du sol et pour la prospérité générale du pays.

Telles sont les dispositions fondamentales, que nous croyons devoir adopter, en bénéfice de l'économie nationale, et que nous soumettons à l'appréciation de votre patriotisme éclairé.

Chambres de compensation

Réduire la circulation fiduciaire est une nécessité que personne n'ignore.

Il y a peu de pays dans le monde, écrivait, il n'y a pas encore longtemps, un notable publiciste, qui m'a précédé à cette place, dans lequel la circulation des billets de banque soit aussi abondante, dans son rapport avec la population, et dans son rapport avec le mouvement commercial.

Il est donc urgent d'employer tous les moyens tendants à rémédier à cet état de choses, de manière à économiser la monnaie sans nuire, ni gêner, en aucune façon, les transactions.

Restreignant aujourd'hui la circulation de la monnaie fiduciaire, nous aidons à augmenter la valeur du billet et, par conséquent, à diminuer l'agio de l'or. Ménageant, demain, la monnaie métallique dans les transactions mercantiles, nous rendons un important service à l'agriculture, à l'industrie, en faveur desquelles les disponibilités seront ainsi plus grandes.

L'expérience de longues années, faite en tous les pays, nous montre qu'un des moyens efficaces d'obtenir la réduction de la monnaie, ou de la ménager, est celui des Clearing-Houses ou Chambres de Compensation, établissements dont la création est due, non à des conceptions théoriques ou à des méditations de cabinet, mais bien aux convenances et commodités suggérées dans l'exercice professionel et dans la pratique mercantile.

La fondation de la première Clearing-House, à Londres, date, selon les uns, de 1775, et selon les autres de 1780, il est cependant certain qu'avant l'inauguration officielle de cette institution, il y avait vingt ans qu'elle fonctionnait officieusement; ainsi à partir de 1755 les employés chargés des recouvrements des banques se rencontraient dans un café de la cité deux fois par jour, au début casuellement, et plus tard à la suite d'un accord; à la première rencontre ils échangeaient les lettres des unes sur les autres maisons, à la seconde rencontre ils restituaient les lettres non payées et donnaient em métal la différence qui existait entre celles qui, par cette forme de compensation, se payaient.

L'utilité d'un semblable procédé, apprecié par les banques, ces dernières se groupèrent et constituèrent la Clearing-House qui en plus d'être la plus ancienne est aussi la plus importante de l'Europe, par la valeur de ses liquidations ou compensations, qui touchent non seulement à l'encaissement et au payement des lettres des banques, des unes sur les autres, mais aussi à celui des lettres sur les clients de ces banques, et on affirme que 99 pour cent des encaissements et payements se font journellement par compensation et intervention de la Clearing-House.

On compte par milliers de livres les transactions qui se font chaque semaine.

Cette institution se répandit très rapidement dans toute la Grande Bretagne, il n'y a pas de ville commerciale importante qui ne la possède.

L'exemple fut suivi sur tout le continent européen, et dans les dernières quarante années des Clearing-House furent successivement créés à Vienne, en 1864, à Paris en 1872, à Rome en 1881, à Berlin en 1883, à St. Petersbourg en 1898, pour indiquer seulement celles créés dans les villes capitales.

L'influence des Chambres de Compensation sur la circulation fiduciaire s'apprécie facilement, d'après les économistes, en comparant l'émission des billets de la Banque d'Angleterre avec celle de la Banque de France. L'Angleterre a un mouvement commercial bien supérieur à celui de la France; or, de l'extension prise dans le premier pays par les opérations des Clearing-Houses, il résulte que l'émission de la Banque d'Angleterre est d'environ le tiers de l'émission de la Banque de France.

Dans les dernières années les sommes compensées à la Chambre de Paris s'élevèrent à 9.760 millions de francs, alors que au Clearing-House de Londres elles atteignirent 8.690 millions de livres sterlings.

Bien que ces faits nous révèlent, avec la plus grande clarté, l'importance de ces institutions, nous restons encore étonnés, quand nous observons se qui se passe aux États Unis d'Amérique.

Il y a là 77 Chambres de Compensation, la plus importante est celle de New-York. D'après le rapport de 1898, cette Clearing-House a fait des opérations pour un total 39.853 millions de dollars, employant à peine 2.338 millions, ou 6 pour cent, en monnaie, pour liquider une si grande somme.

Presque partout les banquiers ont eu l'initiative de l'organisation de ces institutions; mais chez nous l'exemple n'a pas encore été suivi, aussi il incombe au Gouvernement de lancer les bases, pour d'accord avec notre premier établissement de crédit national, organiser à Lisbonne et à Porto des établissements similaires aux Clearing-House, ou Chambres de Compensation.

La Banque de Portugal est aussi intéressé que le Gouvernement, dans la diminution de la circulation fiduciaire. C'est du crédit de ses billets dont on s'occupe, ce qui importe beaucoup au crédit du pays.

Le Gouvernement encourageant leur fondation ne s'attribue aucune ingérence dans ses chambres, puisque le président du conseil d'administration qu'il nomme doit être choisi parmi les directeurs et membres des conseils fiscaux des banques.

La proposition que vous allez apprécier, laisse au corps commercial la plus ample liberté, pour règlementer et diriger le fonctionnement de l'institution qui doit rendre de si grands services.

Quoique de conception modeste, nous sommes persuadés que dans tous les cas, il résultera quelques avantages pour l'économie publique de la proposition de loi que nous avons l'honneur de soumettre à votre examen.

Messieurs: La situation financière et économique du pays exposée, et indiqués les points capitaux qui la révèlent, afin de pouvoir faire un jugement certain, nous sommes portés à conclure, qu'après les dernières années du siècle passé, que furent pour nous calamiteuses, puisque nous nous débations au milieu d'une crise terrible qui aurait pu décourager les plus forts, nous avons su lutter et que nous allons vaincre les difficultés, les craintes qui une fois ou l'autre se manifestent encore ne sont, en aucune façon, justifiées.

Si quelques uns des illustres hommes publics qui m'ont précédé à cette place ont été navrés d'avoir a faire le tableau des difficultés financières et économiques qui nous ont dominé, la mission qui m'appartient aujourd'hui est plus agréable, grace aux circonstances actuelles.

Dans certains pays on a fait de la propagande dans le but de placer la discussion des finances de l'État en dehors de l'action passionnée de la politique des partis, afin de les apprécier avec la sérénité qu'elles réclament, les fortifier par la collaboration de tous les partis, pour le profit du bien commun.

Et si l'on ne peut encore obtenir qu'il en soit ainsi, il y a cependant des États qui ont tire un grand bénéfice d'une semblable orientation.

Obéissant, certainement, à cette pensée, Alfred Neymarck, voulait qu'on organisât, en France, un conseil supérieur des finances, composé d'hommes éminents par leurs connaissances spéciales, afin que la science des uns, la pratique des autres, et le patriotisme de tous puisse, dans les conjectures difficiles servir à auxilier les gouvernements, en donnant son avis sur les questions rélatives au crédit de l'État et vérifiant sérieusement les questions délicates de la gestion financière.

En fait, les luttes passionnées en matière de finances jettent la panique dans les esprits qui ne veulent ou ne peuvent étudier par eux-mêmes la situation, et conséquemment elles affaiblissent les esprits, amènent le retrait des capitaux, paralysent le mouvement économique et portent le discrédit au delà des frontières.

Dans les dernières années nous avons déjà obtenu, parmi nous, sans convention, ni accord, mais par une nette compréhension, qui fait honneur à tous, des intérêts supérieurs du pays et de la dignité de la nation, que dans les questions de caractère international et coloniales, la politique de parti fut mise de coté.

Il y aurait beaucoup à gagner si la même sagesse existait pour les questions financières, suivant l'exemple que nous a donné l'Angleterre, et que nous offre l'Italie, qui doit le rétablissement de ses finances à l'action commune de tous les partis.

Ces paroles ne contiennent aucune censure, elles constatent des faits, et manifestent, à peine, un désir.

Le crédit de l'État exige nos meilleurs soins.

Il s'est rélévé graduellement de la dépression qu'il a souffert. Il faut qu'il se maintienne et qu'il progrèsse; nous confions, pour cela, dans les grands ressources du pays, et dans le travail persévérant de ceux qui s'honorent d'être portugais.

Dans les propositions de lois que nous venons de relater, nous avons cherché à contribuer à la prospérité de la situation financière et au développement de la richesse nationale. Vos sages délibérations diront si oui, ou non, nous avons atteint notre but.

Ministère des Finances, 5 octobre 1904.

Rodrigo Affonso Pequito.

PROPOSITION DE LOI N° 1

Conversion des obligations et renouvellement du contrat des tabacs

Article 1er. Est approuvé le contrat célébré le 16 juillet 1904 annexé à la présente loi.

§ unique. L'emprunt auquel le contrat se réfère sera de réis 54.000:000$000, or, et destiné à la conversion des obligations de 4 1/2 pour cent, créés en conformité de la loi du 23 mars 1891 et 21 mai 1896, et à la consolidation de la dette flottante externe.

Article 2e Est annulée toute loi contraire.

Ministère des Finances, 5 de octobre 1904.

Rodrigo Affonso Pequito.

Contrat provisoire célébré, sous réserve de l'approbation des Chambres, entre le Gouvernement Portugais, la Compagnie des Tabacs et un groupe de banquiers et établissements de crédit.

Entre :

Le Gouvernement Portugais, représenté par Son Excellence Monsieur le Conseiller Rodrigo Affonso Pequito, Ministre et Secrétaire d'Etat des finances, dûment autorisé par délibération du conseil des ministres, en date du 15 juillet 1904.—Premier comparant.

La Compagnie des Tabacs de Portugal, représentée par Son Excellence Monsieur le Comte de Burnay, son président, dûment autorisé par une délibération du conseil d'administration, de la présente date.—Deuxième comparant.

1er Messieurs De Neuflize & Cie, banquiers à Paris;

2e Le Comptoir National d'Escompte de Paris, société anonyme au capital de 150 millions de francs, siège à Paris, représenté par Monsieur E. Ullmann, son directeur;

3e La Banque de Paris et des Pays Bas, société anonyme au capital de 62 ½ millions de francs, siège à Paris, représenté par Messieurs E. Moret, son directeur, et Horace Finaly, avec pouvoir de la dite Banque;

4e Henry Burnay & Cie, banquiers à Lisbonne. — Troisième comparant.

Devant ces troisièmes comparants déclarer jusqu'au 31 du courant quels sont les banquiers et établissements de crédit de leurs groupes, et indiquer la part respective de chacun d'eux dans l'emprunt dont il est question plus loin.

A été exposé et convenu ce qui suit:

Quant à la conversion des obligations qui sont garanties par la Compagnie des Tabacs de Portugal:

Le Gouvernement Portugais ayant le droit de dénoncer, pour être remboursés le 1er avril 1905, les titres qui se trouveraient en circulation des 500:000 obligations de 4 ½ pour cent, des tabacs, de 1891, et des 40.000 obligations de 4 ½ pour cent, seconde émission, de 1896, et ayant résolu de contracter un emprunt destiné à la conversion ou au remboursement de ces titres, l'excédant de cet emprunt devant entrer dans les caisses du trésor, et d'appliquer à la garantie de ce même emprunt la rente servie par la Compagnie des Tabacs de Portugal, dans les conditions établies par la loi du 23 mars 1891: le Gouvernement et la Compagnie des Tabacs se sont mis d'accord sur les modifications, plus loin énoncées, à introduire dans les caisses auxquelles se réfère le contrat du 26 février de 1891, sanctionné par la loi sus-visée.

Les troisièmes comparants interviennent dans les présentes stipulations seulement pour garantir l'exécution des engagements pris par la Compagnie des Tabacs de Portugal dans la part qui exclusivement se réfère à l'emprunt dont il s'agit.

Ainsi, et tout dépendant de l'approbation des Cortès, on a convenu ce qui suit:

Article 1er. Le Gouvernement maintient à la Compagnie des Tabacs de Portugal le monopole de la fabrication des tabacs sur le continent du royaume, dans les conditions et avec les charges des bases sanctionnées par la loi du 23 mars 1891, moyennant les modifications stipulées dans le présent contrat.

Article 2e Le Gouvernement contracte avec la Compagnie des Tabacs de Portugal un emprunt de 300 millions de francs, capital nominal, lb. 11.940.000, 243.000.000 mk., P. B. fl. 142.800.000, réis 54.000 contos, en monnaie portugaise, or, au pair, cet emprunt pouvant être élevé, si les Chambres ainsi le décident, à l'importance nominale de 350 millions de francs, lb. 13.930.000, mk. 283.500.000, P. B. fl. 166.600.000, réis 63.000 contos, en monnaie portugaise, or, au pair.

En représentation de l'emprunt, le Gouvernement remettra à la Compagnie des Tabacs une obligation générale, du capital nominale fixé par la loi qui approuvera le présent contrat; ce capital rapportera un intérêt de 4 % par an, à dater de la promulgation de la loi, il sera remboursé au pair en 60 ans, au plus, suivant un tableau d'amortissement, qui sera établi pour 120 paiements sémestriels, dont le premier sera echu le 1er octobre 1905, chaque paiement sera de fr. 6.604.430 pour un capital nominale de 300 millions et de fr. 7.716.835 pour un capital nominal de 350 millions de francs.

L'annuité nécessaire pour le service des intérêts et de l'amortissement de l'emprunt, augmentée du change pour le paiement à l'étranger, et de la commission respective à ce service, sera inscrite au budget de l'État comme charge du trésor, et, en premier lieu, elle se trouvera dans les conditions déjà établies par le contrat du 26 février 1891, dans la rente fixe à la charge de la compagnie.

Le Gouvernement se réserve la faculté de rembourser à toute époque, avec avis préalable de six mois, mais pas avant le 1er avril 1915, ce qui serait encore dû sur l'obligation générale, suivant le tableau d'amortissement de l'emprunt.

La Compagnie des Tabacs prend ferme la quantité d'obligations nécessaire pour produire la somme effective, correspondant au capital des obligations de 4 ½ pour cent de 1891 et de 1896, à convertir ou à rembourser, et au complément disponible du nouvel emprunt de 4 pour cent de 300 millions ou de 350 millions nominaux de francs, au prix qui est fixé par document officiel de cette date et qui ne peut être publié avant la réalisation de l'émission de l'emprunt.

Si l'emprunt est élevé à la somme de 350 millions de francs, le Gouvernement a la faculté de réserver, au moment de la promulgation de la loi, jusqu'à 50 millions de francs, ou 100.000 obligations, afin de renforcer les réserves de la Banque de Portugal et améliorer le change.

La compagnie, durant tout le temps de la concession, retiendra, sur chaque paiement mensuel qu'elle devra effectuer pour compte de la rente, l'équivalent en monnaie portugaise, soit fr. 1.102.405 ou fr. 1.286.140 représentant le sixième de chaque paiement semestriel, pour le service à l'étranger de l'emprunt de 300 ou 350 millions de francs, augmenté de la différence de change et de la commission de paiement.

Article 3e Le Gouvernement créera, et la compagnie est autorisée à mettre en circulation, des titres représentatifs de l'obligation générale de 300 ou 350 millions de francs, à savoir: 600.000 ou 700.000 obligations de 4 pour cent au porteur de fr. 500, lb. 19-18, mk. 405, P. B. fl. 238, rs. 90$000 en monnaie portugaise, or, au pair.

La compagnie mentionnera, dans ces titres, qu'elle garantit, elle-même, d'une manière obligatoire, irrévocable et sans réserve, le service du dit emprunt.

Ces titres seront signés par la direction générale de la trésorerie et considérés comme titres de dette publique de l'État, jouissant de tous les avantages et dispenses qui leur sont inhérents.

Dans le cas où la concession du monopole de fabrication des tabacs serait rescindée avant l'amortissement intégral de l'emprunt, le Gouvernement devra rembourser, préalablement, au pair, les titres qui seraient encore en circulation.

Il pourra être créé des titres représentant des multiples des obligations ci-dessus indiquées.

En attendant la confection des titres définitifs, les troisièmes comparants sont autorisés à émettre des titres provisoires qui pourront être munis d'un coupon spécial représentant l'intérêt dû aux porteurs le 1er avril 1905.

Les titres définitifs au porteur seront munis de coupons sémestriels payables le 1er avril et le 1er octobre de chaque année, de fr. 10, lb. 0-7-11 $^1/_2$, mk. 8,10, P. B. fl. 4,76, Rs. 1$800, en monnaie portugaise, or, au pair.

La confection des titres est à la charge du Gouvernement.

Ces titres seront remboursables, au pair, en soixante années, moyennant cent-vingt paiements sémestriels réalisables aux époques de l'échéance des coupons et par voie de tirages auxquels on procédera en mars et septembre de chaque année.

Le premier coupon et le premier remboursement d'obligations échoient le premier octobre 1905.

La forme de ces obligations et les termes des garanties qui leur sont inhérentes seront fixés d'un commun accord entre le Gouvernement et la compagnie, en harmonie avec le texte adopté pour les obligations de 4 ½ % emises en 1891, sauf les différences résultant des conditions du nouvel emprunt.

Les coupons échus et les titres remboursables de ces obligations sont exempts de tout impôt ou déduction en Portugal, ils seront payés au choix des porteurs à Paris, à Londres, en Allemagne, en Belgique, en Suisse, en Hollande, dans les caisses des établissements de crédit ou des banquiers désignés par les troisièmes comparants.

Les coupons échus et les titres remboursables pourront, aussi, être payés en Portugal, au siège de la Compagnie, avec déduction, dans ce cas, de l'impôt du revenu.

Le Gouvernement, dans les termes de l'article 2, et suivant ce qui est présentement établi, prend à sa charge les différences de change, qui pourraient résulter de la remise, à l'étranger, des fonds destinés au paiement de l'intérêt et amortissement des obligations et à la commission de ⅓ pour cent allouée aux établissements chargés de ce service.

Article 4e L'importance effective de l'emprunt, fait par la Compagnie des Tabacs dans les termes de l'article 2, sera payée à Paris.

De cette importance, la Compagnie gardera la somme nécessaire pour le remboursement à l'étranger, au pair, des obligations de 1891 et de 1896 qui seraient en circulation et dont les porteurs n'accepteraient pas la conversion.

Les obligations de 4 ½ pour cent de 1891 et de 1896 qui seraient converties seront portées en compte au Gouvernement, au pair, dans la monnaie du pays où aura été faite la conversion.

Le coupon du 1er avril 1905, appartenant aux obligations converties, reste à la charge du Gouvernement.

En compensation le Gouvernement ne payera aucun intérêt depuis la promulgation de la loi approuvant ce contrat, jusqu'au 1er avril 1905, sur la quantité de titres du nouvel emprunt correspondant aux obligations de 4 ½ pour cent converties.

Du produit effectif de l'emprunt, la part qui excédera les sommes destinées à la conversion et au remboursement des obligations de 4 ½ pour cent, sera mise à la disposition du Gouvernement à Paris : moitié le 1er avril 1905, et moitié le 1er juillet 1905.

D'un autre côté, la Compagnie payera au Gouvernement les intérêts calculés au taux de 3 pour cent, sur les fonds qu'elle conservera, du produit de l'emprunt, destinés au remboursement des obligations de 4 ½ pour cent non encore converties.

Article 5e Si, toutefois, le Gouvernement dénonçait les obligations de 4 ½ pour cent postérieurement au 1er octobre 1904, de manière que leur remboursement vienne à se réaliser après le 1er avril 1905, il devra être tenu compte à la Compagnie de la différence d'intérêt entre la taxe de 4 ½ pour cent qui serait payée aux porteurs, et celle de 4 pour cent du nouvel emprunt, depuis la date du 1er avril 1905 jusqu'à la date fixée pour le remboursement.

Article 6e Le Gouvernement fera les démarches officielles d'usage pour que les titres émis en représentation de l'obligation générale soient admis à la cote officielle sur les places de Paris, Londres, Berlim, Francfort, Hambourg, Genève, Amsterdam.

A cette effet, le Gouvernement signera les prospectus, fournira les documents nécessaires, et prendra à sa charge les dépenses do timbre dans le pays où l'émission s'effectuera.

Dès que l'obtention de la côte officielle à Paris sera assurée, les troisièmes comparants procéderont à l'émission du nouvel emprunt et à la conversion des obligations 4 ½ pour cent, qui auront préférence dans la collocation des nouveaux titres pour une quantité égale.

Article 7e Le Gouvernement, comme de coutume, autorisera l'ouverture, sans charges pour les souscripteurs à l'emprunt, des caisses du Trésor en Portugal, pour les opérations de la conversion et de l'émission.

Article 8e La Compagnie des Tabacs est chargée de la centralisation des comptes avec le Gouvernement, relatives aux opérations du présent contrat.

Article 9e Pendant le délai d'un an, à partir de la promulgation de la loi approuvant le présent contrat le Gouvernement s'engage à ne faire à l'etranger aucune nouvelle émission de titres.

Article 10e Si, au moment de la promulgation de la loi approuvant le présent contrat, les marchés financiers étaient troublés par des évenements, jusqu'à présent imprévus, de nature à nuire à l'emission, ou si la côte des titres de la dette française 3 pour cent était descendue au dessous de 96 pour cent, les seconds et troisièmes comparants devront s'entendre avec le Gouvernement Portugais sur l'époque où l'émission devra se réaliser, sans toutefois, que l'exécution de toutes les autres stipulations du présent contrat qui n'ont pas de rapport avec l'émission, puisse être retardée.

Quant au régime du monopole des tabacs :

Article 11e La rente fixe annuelle, stipulée à l'article 3 des bases auquel se réfère le contrat du 26 février 1891, est modifiée et établie comme suit :

5.600:000$000 réis, durant la première période de six ans, du 1er avril 1905 au 31 mars 1911

5.750:000$000 réis, durant la seconde période de cinq ans, du 1er avril 1911 au 31 mars 1916;

5.900:000$000 réis, durant la troisième période de cinq ans, du 1er avril 1916 au 31 mars 1921;

6.100:000$000 réis, durant la quatrième période de cinq ans, du 1er avril 1921 au 31 mars 1926, ou jusqu'à la fin de la concession.

Article 12e Les sommes fixées qui servent de point de départ, dans l'article 5, n° 1, des bases auxquelles se réfère le contrat du 26 février 1891, pour la computation annuelle du partage des bénéfices de la compagnie, seront successivement accrues de l'augmentation, que la rente actuelle fixe de 4.500:000$000 réis aurait en vertu de la disposition de l'article précédent; et la part de 60 pour cent, qui présentement appartient, annuellement à l'Etat, sera élevée a:

70 pour cent, du 1er avril 1905 au 31 mars 1911;

75 pour cent, du 1er avril 1911 au 31 mars 1916;

80 pour cent, du 1er avril 1916 jusqu'à la fin de la concession.

Article 13e Pour garantie de l'emprunt, auquel se réfère le présent contrat, la concession du monopole de la fabrication des tabacs, est prorogée pour 60 ans, qui commenceront le 1er avril 1905 et termineront le 31 mars 1965.

Toutefois, le Gouvernement se réserve la faculté de mettre fin à la concession le 31 mars 1926, sous la condition de le notifier à la compagnie avant le 31 mars 1924

Également le Gouvernement aura la faculté de faire cesser la concession à la fin de chaque nouvelle période de dix ans, soit le 31 mars de 1936, de 1946, et de 1956, toujours sous la condition de le notifier à la compagnie avant le 31 mars 1934, de 1944, et de 1954, respectivement.

Dans le cas où la dénonciation de la concession n'aurait pas été notifiée dans l'un des délais ci-dessus indiqués, la concession continuera en vigueur jusqu'à la fin de la période immédiate.

La concession terminée en vertu de la dénonciation du Gouvernement, il sera procédé à l'égard des obligations de l'emprunt comme il est indiqué dans le contrat.

Article 14e Toute augmentation des prix de vente, supérieure à l'augmentation autorisée dans le paragraphe 7 de l'article 6 des bases auxquelles se réfère le contrat du 26 février 1891, dépendra d'un accord avec le Gouvernement.

Article 15e Le Gouvernement établira d'accord avec la compagnie, dans un règlement spécial, les conditions précises de la fixation des dépenses d'exploitation, des dépenses générales, et de tous les autres éléments nécessaires pour déterminer, dans les termes voulus, le partage des bénéfices de la compagnie.

Article 16e Les dispositions des bases auxquelles se réfère le contrat du 26 février 1891, non expressément modifiées par le présent contrat, continuent en vigueur pour tous leurs effets.

Article 17e La compagnie des tabacs convoquera l'assemblée générale de ses actionnaires pour étudier les modifications à ses statuts et au contrat en vigueur, qui seraient nécessaires pour l'exécution de ce nouveau contrat.

Article 18e Les obligations réciproques qui figurent au présent contrat caduquent pour tous leurs effets le 1er janvier 1905, si, à cette date, l'approbation nécessaire des Chambres n'a pas été obtenue, dans ce cas le contrat du 26 février 1891 restera en vigueur, tout autant qu'il n'aurait pas produit les effets légaux, dans les termes du même contrat.

Fait en triple à Lisbonne, le 16 juillet 1904.

PROPOSITION DE LOI N° 2

Modification du système monétaire

Article 1er Le système monétaire actuel est modifié conformément aux bases annexées à cette loi dont elles font partie intégrante.

§ unique. Tant que la convertibilité des billets de la Banque de Portugal n'aura pas été rétablie, l'augmentation de valeur qui résulte de la présente loi pour réserve en or, ne pourra être portée, pour aucun effet, au compte des bénéfices, elle continuera a être *réserve* de la même Banque.

Article 2e La législation contraire est annullée.

Bases qui font partie de la loi qui modifie le système monétaire

1er Le système monétaire, établi par la présente loi, a pour monnaie de compte ou unité monétaire le luso et ses divisions en centièmes.

2e Les nouvelles monnaies d'or que l'on frappera auront le titre de 900 millièmes, elles seront de la valeur de 50 lusos avec le poids de 16.129 grammes; de 25 lusos, avec le poids de 8,065 grammes, et de 10 lusos avec le poids de 3,226 grammes, avec une tolérance de 2 par mille dans le titre et de 2 par mille dans le poids.

Ces monnaies auront, d'un côté, l'effigie du roi, à la bordure la légende Carlos I, Rei de Portugal, et l'époque en chiffres; au revers les armes royales et la désignation de la valeur de la monnaie.

3e Les nouvelles monnaies d'argent seront de la valeur de 5 lusos, 2 lusos, 1 luso et 1/2 luso ou 50 centièmes de luso.

Les monnaies de 5 lusos auront le titre de 900 millièmes et le poids de 25 grammes.

Les monnaies de 2 lusos, 1 luso et $^1/_2$ luso auront le titre de 835 millièmes et respectivement le poids de 10 grammes, 5 grammes, et 2,5 grammes.

Dans les monnaies d'argent il est admis une tolérance de 2 pour mille dans le titre et 3 pour mille dans le poids.

Ces monnaies auront: d'un côté l'effigie du roi, à la bordure la légende Carlos I, Rei de Portugal, et l'année en chiffres; au revers, celles de 5 lusos, les armes royales et la désignation de la valeur, celles de 2 lusos, 1 luso et $^1/_2$ luso, couronne royale entourée de rameaux de laurier et au dessous la désignation de la valeur.

4° Les nouvelles monnaies de nickel seront de la valeur de 10 centièmes de luso, 5 centièmes, 2 centièmes et 1 centième, et des patrons suivants:

Monnaies de 10 centimes, diamètre de 25 millimètres, poids 5 grammes.

Monnaies de 5 centimes, diamètre de 22 millimètres, poids 4 grammes;

Monnaies de 2 centimes, diamètre de 20 millimètres, poids 3 grammes;

Monnaies de 1 centime, diamètre de 18 millimètres, poids 2 grammes.

L'alliage será composé de 75 centièmes, en poids, de cuivre et 25 centièmes de nickel.

La tranche de la monnaie será lisse.

Il est admis une tolérance de 2 pour cent dans le poids.

Les monnaies de nickel auront, d'un côté, l'effigie du roi, à la bordure la légende Carlos I, Rei de Portugal, et l'époque en chiffres, au revers; les armes royales, deux rameaux de laurier et de chêne, et la désignation de la valeur.

5° Les particuliers pourront faire frapper à la monnaie toute portion d'or, au titre de 900 millièmes, en monnaies du type légal, désignées à la base 2°, et payant cinq lusos par kilogramme.

6° Continuent à avoir cours légal les monnaies anglaises, d'or, du titre de 916 et $^2/_3$ pour mille, avec la valeur de 25 lusos pour les premières et 12,50 lusos pour les secondes, à la condition qu'elles aient respectivement le poids de 7 grammes 988 milligrammes (7,988) et trois grammes 994 milligrammes (3,994).

La tolérance de 2 par mille dans le titre et 2 par mille dans le poid est aussi admise.

7.e L'État se réserve le monopole de la fabrication et de l'émission des monnaies subsidiaires d'argent et de nickel.

8e Les limites de la fabrication et de l'émission des nouvelles monnaies d'argent et de nickel seront les suivantes:

Monnaies d'argent, de:

	Lusos
5 lusos, jusqu'à	75.000:000
2 lusos, jusqu'à	50.000:009
1 luso, jusqu'à	20.000:000
50 centièmes, jusqu'à	5.000:000

Monnaies de nickel, de:

10 centièmes, jusqu'à	8.000:000
5 centièmes, jusqu'à	3.500:000
2 centièmes, jusqu'à	750:000
1 centième, jusqu'à	250:000

9e Dans les paiements aux particuliers, ceux-ci ne peuvent être obligés à recevoir plus de 25 lusos en monnaie d'argent et deux lusos 50 centièmes en monnaie de nickel. L'État, cependant, recevra jusqu'à 50 lusos en argent et cinq lusos en nickel.

10e Entre le système monétaire actuel et le nouveau creé par la présente loi, le rapport légal est fixé a 200 réis pour 1 luso.

11e La fabrication des nouvelles monnaies d'argent et de nickel sera faite dans le délai de trois ans, mettant à profit, dans ce but, le métal des monnaies actuellement en circulation.

12e Les monnaies actuelles d'argent, de nickel et de bronze, à mésure de leur entrée dans les caisses de l'État, seront remises à la Monnaie pour être échangées contre de nouvelles.

13e A l'établissement de la monnaie il sera procédé à la fonte des monnaies de bronze à mesure de leur entrée, et la fonte sera faite de façon que les barres en provenant aient le poids et les dimensions convenables pour être vendues.

14e Le Gouvernement régularisera la substitution des monnaies actuelles d'argent, de nickel et de bronze, déterminant les délais dans lesquels l'échange devra se réaliser.

Passé ces délais, les monnaies actuellement en circulation cesseront d'avoir cours légal.

15e En temps opportun le Gouvernement fixera l'année économique dans laquelle la comptabilité publique devra commencer à être faite d'après le nouveau système monétaire.

Les soldes des comptes de l'année, ou des années antérieures, seront passés à raison de 200 réis pour 1 luso.

Ministère des Finances, 5 de octobre 1904.

Rodrigo Affonso Pequito.

PROPOSITION DE LOI N° 3

Droits de transport et de phare

Article 1er. Le droit actuel de charge est remplacé par un droit de transport e de phare auquel sont soumis toutes les embarcations qui entreront dans les ports du continent du royaume e des îles adjacentes, ou qui en sortiraient, ces droits seront perçus conformément aux dispositions suivantes:

1e Les embarcations étrangères, à voile ou à vapeur, employées à la navigation de haute mer ou long cours, payeront:

1. Taxes de charge:

a) Pour chaque tonne de mille kilogrammes de charbon de pierre ou de coke, agglomérés de charbon (briquettes) et soufre, déchargée.........	150
Pour chaque tonne de 1.000 kilogrammes de toute autre charge déchargée....................	300
b) Charge de sel commun et charbon minéral, chargée pour l'exportation étrangère ou pour les provinces ultramarines	Exempts
Pour chaque tonne de 1.000 kilogrammes chargée pour l'exportation étrangère ou pour les provinces ultramarines, de minerais, pierres brutes, briques et tuiles.........................	30
Pour chaque tonne de 1.000 kilogrammes de toute autre charge pour l'exportation étrangère ou pour les provinces ultramarines	100
c) Charge de charbon minéral chargée pour le trantransit ou pour réexportation..............	Exempts

Pour chaque tonne de 1.000 kilogrammes de toute autre charge chargée pour le transit ou la réexportation.............................. 50

2. *Taxe de passagers:*

a) Pour chaque passager, majeur de 12 ans, débarquant et procédant d'un port étranger:

De 1ère et 2e classes..................	1$000
De 3e classe........................	500

b) Pour chaque passager, majeur de 12 ans, embarqué et se destinant à un port étranger européen:

De 1ère et 2e classes..................	1$500
De 3e classe........................	1$000

c) Pour chaque passager, majeur de 12 ans, embarqué et se destinant à un port étranger européen:

De 1ère et 2e classes..................	2$500
De 3.e classe........................	1$500

3. *Taxe de quarantaine:*

Les embarcations procédant de ports contaminés ou suspects payeront en plus de la taxe fixée pour la charge déchargée...................... 25 %

La taxe additionelle ne pouvant, toutefois, excéder 15$000 réis pour les bateaux à voile et 25$000 pour les bateaux à vapeur..................

4. *Taxe de phare:*

Pour chaque tonne de jauge brute............... 10

2e Les embarcations portugaises à voile ou à vapeur, employées dans la navigation de la haute mer ou long cours, payeront 50 pour cent des taxes de charge, passagers et phares, designées dans la disposition antorieure, et seront sujettes au payement intégral de la taxe de quarantaine quand ils la devront.

3.e En aucun cas le total à percevoir des embarcations à titre de charge de taxe, pour la charge mise à bord et la charge mise à terre, dans un même voyage, dans les ports du continent et des îles adjacentes, ne pourra excéder 400 réis pour les embarcations étrangères et 200 réis pour les embarcations nationales, par tonne de jauge nette.

4e Les navires qui entreront par la barre du Douro payeront en plus 20 pour cent des taxes de charge et de passagers qui alors seront supposées perçues intégralement, aux termes de la disposition 1ère quand elles s'appliqueront à des navires nationaux.

Le produit de ce supplément additionnel sera exclusivement destiné à l'amélioration de la dite barre. Il ne pourra avoir d'autre application, les excédants devront passer d'un exercice à l'autre, dans ce but un compte sera ouvert à la Caisse des Dépôts et Consignations, où le produit du supplément additionnel sera versé mensuellement.

5° Le minimum à recevoir des navires auxquels se réfèrent les dispositions n.os 1 et 2, pour opérations de chargement et déchargement de marchandises est fixé comme suit:

a) Des navires étrangers:

Pour la charge dechargée... .... 6$000

Pour la charge mise à bord .... 2$000

b) Des navires nationaux:

Pour la charge mise à terre................ 3$000

Pour la charge mise à bord .... 1$000

6° Les embarcations portugaises, à voile ou à vapeur, employées au cabotage seront soumises aux taxes suivantes:

1) Taxe de charge:

Par chaque tonne de 1.000 kilogrammes de charge mise à terre.................. 40

2) Taxe de phare:

Embarcations à vapeur, d'une jauge supérieure à 20 tonnes, par voyage et par chaque tonne de jauge brute 5

7° Quand dans le même voyage, l'embarcation nationale ou étrangère fera escale à différents ports du continent du royaume et îles adjacentes, la taxe de phare sera perçue dans le premier port d'escale. Le document comprobatif de ce paiement devra être présenté dans chacun des autres ports.

8° Sont exempts du paiement des taxes de charge, passagers e phares: les embarcations de guerre; celles appartenant aux sociétés de plaisance légalement constituées et reconnues; celles de pêche;

celles non pontées, quelle que en soit la jauge; celles de remorquage; et celles comprises dans l'un des cas suivants:

a) Quand elles reçoivent seulement des vivres ou du charbon si elles sont mues à la vapeur;

b) Quand elles entrent et sortent sans faire aucune opération commerciale.

Ne sont pas opérations commerciales: le déchargement de marchandises pour procéder aux réparations que réclame l'embarcation, ou pour l'assainissement dans le cas de quarantaine; la vente de marchandises avariées ou d'une partie de la charge pour satisfaire aux dépenses du navire, quand le capitaine justifie qu'il ne peut trouver de l'argent, d'une autre manière, pour le but indiqué;

Le transbordement dans un autre navire des marchandises apportées par des embarcations entrées par suite de force majeure, et qui peuvent continuer à transporter les dites marchandises à leur destination, avec toute la sécurité requise, ou quand les marchandises sont susceptibles de détérioration ou de perte de valeur par le retard de leur expedition.

c) Quand, bien que elles aient fait quelques opérations commerciales, elles sont déclarées innavigables et condamnées à être démolies.

9e Sont exemptes du payement des taxes de charge et phares:

a) Les embarcations de cabotage dont la jauge est inférieure à 20 tonnes;

b) Les embarcations qui entrent et sortent sur lest, et celles qui étant entrées chargées sortent sur lest pour aller se réparer dans un port étranger, et reviennent sur lest pour prendre la même charge.

10e Sont exemptes du payement des taxes de charge:

a) Les embarcations qui entrent dans le port pour recevoir spécialement et exclusivement des marchandises de bateaux qui ont dû les décharger par suite de force majeure dûment prouvée;

b) Celles qui transportent seulement des espèces métalliques monétisées ou en barre.

11e Sont exemptes des taxes de passagers et phares:

Les embarcations qui transportent seulement des passagers, des prisonniers, des indigents, ou toutes autres personnes, par ordre des consuls ou des autorités locales.

12e Sont exemptes des taxes de phare les embarcations à voile, de tous tonnages, qui se livrent au commerce de cabotage.

13e Pour l'explication de la présent loi, on entend par commerce de cabotage, la navigation faite par des embarcations portugaises d'un port à l'autre du continent du royaume, ou de ceux-ci aux ports des îles adjacentes, et vice-versa, et la navigation entre les ports de la même île.

14° La détermination de la quantité de charge embarquée et déchargée sera réglée, respectivement, par les poids déclarés dans les manifestes consulaires, dans les documents dont la marchandise serait acompagnée du port de provenance pour le port de destination.

15° Dans l'importation des bois, de toutes espèces, le mètre cube sera, pour le paiement des taxes de charge, compté à 700 kilogrammes.

16° Le tonnage de jauge des navires, sera, dans les termes des lois en vigueur, déterminé par le procédé Moorsom; quand il y aura des doutes fondés sur la véracité de la jauge consignée dans les papiers de bord, il sera procédé aux mesures nécessaires, en faisant usage, à cet effet, des règles 1° e 2° de Moorsom, suivant que les embarcations seront vides ou chargées.

17° La taxe de charge pour les marchandises déchargées, la taxe de passagers débarqués et la taxe de phare, à recouvrer des navires procédants de ports étrangers, seront payées en or.

18° Les droits de transport et de phare consignés dans cette loi ne pourront être exigés du consignataire ou chargeur des marchandises transportées; toute clause contraire insérée dans les connaissements ou dans tout autre document sera nulle.

19° Dans le port du Funchal, les embarcations seront exemptes des taxes de charge et de phare pendant cinq ans à dater de la publication de la présente loi, excepté, en vue du contrat, celles appartenant à des entreprises ou compagnies subventionnées par l'Etat.

Article 2° Le legislation contraire est annulée.

Ministère des Finances, 5 de octobre 1904.

Rodrigo Affonso Pequito.

PROPOSITION DE LOI N° 4

Navigation pour le Brésil

Article 1er Le Gouvernement est autorisé à donner un subside annuel, jusqu'à 250 contos de réis, durant dix ans, à la société anonyme qui se constituera pour un service régulier de navigation à vapeur, entre les ports du Portugal et ceux des États Unis du Brésil, en conformité avec les bases annexées à la présent loi et dont elles font partie intégrante.

§ 1.er Pour la concession de ce subside il sera ouvert un concours public pendant le délai de trois mois.

§ 2e À partir du commencement de la sixième année le subside sera diminué d'une quantité égale à l'excédant des bénéfices de la compagnie anonyme subventionnée, après la distribution d'un dividende de 7 pour cent aux actionnaires.

Article 2° La legislation contrarie et annulée.

Bases qui font partie de la loi qui concède un subside annuel, jusqu'à 250 contos de réis, à la navigation portugaise entre le Portugal et les États Unis du Brésil.

1e La société anonyme qui se constituera aura son siège à Lisbonne ou à Porto; ella sera portugaise pour tous les effects légaux; elle aura, pour le moins, un capital de 5.000 contos de reis représenté par des actions et effectivement réalisé; la majorité des membres du conseil d'administration et du conseil fiscal sera composée de citoyens portugais.

2e La société anonyme pourra émettre des obligations d'une importance égale à celle de son capital après que celui-ci aura été entèrement réalisé.

3e Il y aura deux lignes de navigation, une pour les ports du nord du Brésil et une autre pour les ports du sud. Dans chacune de ces lignes il devra y avoir, pour le moins, un service mensuel.

4e Les vapeurs partiront du port de Leixões, suivront, par Lisbonne, pour le Brésil, avec faculté de faire escale à Madère ou à Saint-Vincent; ceux de la ligne du nord devront toucher aux ports brésiliens de Ceará, Maranhão, Pará et Manaus, et ceux de la ligne du sud, aux ports de Pernambouc, Maceio, Bahia, Rio de Janeiro et Santos.

5e Les paquebots de la ligne du nord et ceux de la ligne du sud pourront toucher à d'autres ports de l'Europe et de l'Amérique qui ne seraient ni portugais ni brésiliens, sous la réserve qu'il ne soit apporté aucun préjudice aux services principaux entre le Portugal et le Brésil, et que la place pour les marchandises et les passagers des deux pays ne fasse pas défaut, quand les chargeurs et les passagers auront donné un avis préalable et régulier.

6e Les paquebots de la ligne du nord, au nombre de quatre, au minimum, ne dépasseront pas 22 pieds de calaison, ils auront une vitesse de 14 à 15 milles, une capacité de 3.000 tonnes de charge et des logements pour 60 passagers de 1ère et de 2e classe et 250 de 3e, au moins.

Les paquebots de la ligne du sud, en nombre non inférieur à cinq, aurant une vitesse de 14 à 15 milles, ils comporteront 5.000 tonnes de charge, et auront des logements pour 100 passagers de 1ère classe, 30 de 2e, et 400 de 3e, au moins.

Tous les paquebots de l'une et de l'autre ligne devront avoir tous les perfectionnements des modernes constructions navales.

7e La société anonyme est obligée à mettre ses paquebots à la disposition du Gouvernement, chaque fois que cet aide sera nécessaire pour la défense du pays.

Ministère des Finances, 5 de octobre 1904.

Rodrigo Affonso Pequito.
Manuel Raphael Gorjão.

PROPOSITION DE LOI N° 5

Droits d'importation sur le poisson frais

Article 1er. Est élevé à 100 réis par kilogramme le droit d'importation auquel est sujet le poisson non spécifié, frais, sans aucune préparation, ou seulement avec le sel indispensable à sa conservation.

Article 2e. La legislation contraire est annulée.

Ministère des Finances, 5 de octobre 1904.

Rodrigo Affonso Pequito.

PROPOSITION DE LOI Nº 6

Crédit agricole

Article 1er Seront comprises, dans l'application des fonds de la Caisse Economique Portugaise, administrés par la Caisse Générale des Dépôts et Institutions de Prévoyance, les opérations d'escompte et de réescompte des lettres de change agricoles, à l'échéance maxima d'un an; garanties par la signature de syndicats agricoles, de caves sociales, ou autres associations agricoles analogues; le taux de l'escompte, pour ces opérations, ne pourra être supérieur à l'intérêt légal des opérations commerciales.

§ 1e La lettre de change agricole doit contenir tout ce qui est déterminé par l'article 278 du Code Commercial, plus la désignation «lettre de change agricole» et au nom du tireur doit être joint la parole «agriculteur», quil soit propriétaire ou fermier de la terre.

§ 2e Les fondes destinés aux opérations de crédit agricole sont fixés, périodiquement, par le Ministre des Finances, le Conseil d'Administration et le Conseil Fiscal de la Caisse Générale, entendus.

Article 2e Les dits conseils organiseront le cadastre du crédit agricole, à mesure qu'ils recevront des propositions pour la réalisation des opérations, et ils établiront la limite du crédit pour chaque syndicat agricole, cave sociale, ou association agricole analogue, tout comme aussi pour chaque agriculteur.

§ unique. Pour l'organisation de ce cadastre les informations nécessaires seront demandées aux délégués du trésor, aux receveurs, des conseils et à toutes personnes aptes à les fournir.

Article 3e Les actes et contrats, qui auraient pour instrument la lettre de change agricole, dépendent de la juridiction commerciale.

Article 4e La lettre de change agricole est exempte du timbre. Cependant, si elle était protestée, pour non paiement, le porteur devra, à l'occasion du protêt apposer le timbre requis, conservant le droit d'en exiger de l'accepteur le montant.

Article 5e Les crédits de la caisse générale, représentés pas lettres de change agricoles sont identiques, pour tous les effets, devant les tribunaux, aux crédits pour impôts dûs au Trésor National.

Article 6e La caisse générale établira, pour l'exercice de son fonctionnement, les agences et délégations qui seraient nécessaires.

Article 7e Les bénéfices nets de la caisse générale seront ainsi distribués:

a) 15 pour cent, pour le fond de réserve permanent, qui sera constitué en titres de la dette publique;

b) 25 pour cent pour le fond de réserve variable;

c) 60 pour cent pour le fond général de la caisse destiné au développement de ses opérations; la part qui ne sera pas indispensable pour ce but continuera à être recette générale de l'État.

Article 8e Le taux d'intérêt des dépôts supérieurs à 3:000$000 réis effectués à la Caisse Economique Portugaise, sera de 2 pour cent par an.

Article 9e Les juntes générales de district, les commissions de district, les conseils municipaux, les juntes de paroisse, et toutes corporations morales sujettes à la tutelle de l'État, pourront déposer à la Caisse Générale des Dépôts leurs recettes en compte courant.

Ces dépôts jouiront d'un intérêt annuel de 2 pour cent depuis le jour qui suivra leur entrée, jusqu'à la veille du jour de leur retrait.

Le réglement devra indiquer la forme pratique, simple et expéditive des retraits.

§ unique. La même caisse est obligée à recouvrer, aux époques respectives, les intérêts des titres déposés, ces intérêts restant assimilés, pour tous les effets, aux intérêts des dépôts constitués en argent.

Article 10e Le Gouvernement organisera les services dont s'occupe la loi du 21 mai 1896 et la présent loi, il provoquera le développement des diverses institutions auxquelles les lois se réfèrent, il publiera, dans ce but, sans augmentation de dépenses, les diplomes qui seraient indispensables.

Article 11. Toute législation contraric est annulée.

Ministère des Finances, 5 de octobre 1904.

Ernesto Rodolpho Hintze Ribeiro.
Arthur Alberto de Campos Henriques.
Rodrigo Affonso Pequito.
Conde de Paçô-Vieira.

PROPOSITION DE LOI N° 7

Chambres de Compensation

Article 1er Le Gouvernement est autorisé à établir, d'accord avec la Banque de Portugal, dans les villes de Lisbonne et de Porto, des Chambres de Compensation qui fonctionneront dans les édifices de la même Banque, au siège à Lisbonne et à la succursale à Porto.

Article 2e Les Chambres de Compensation ont pour but exclusif de permettre aux banques, aux banquiers, aux commerçants, qui en seraient associés, de liquider journellement, par voie de compensation tous les effets commerciaux que les uns et les autres possèdent.

Article 3e Les Chambres de Compensation se composent d'associés fondateurs, et de commerçants, admis moyennant demande préalable et approbation.

§ 1er Sont considérés membres fondateurs, respectivement, les établissements de banque de Lisbonne et de Porto.

§ 2e Une condition indispensable pour l'admission à titre d'associé d'une Chambre de Compensation est que le commerçant soit déjà inscrit dans le registre du Tribunal de Commerce.

Article 4e Chacune des Chambres de Compensation sera dirigée par un Conseil d'Administration composé de cinq membres choisis entre les associés, dont un nommé par le Gouvernement, et pris entre les directeurs et membres des conseils fiscaux des banques de Lisbonne et de Porto, respectivement, le membre choisi par le Gouvernement sera le président; un autre choisi par le Conseil Général de la Banque de Portugal; un autre choisi par les associations commerciales de Lisbonne et Porto; et deux élus par l'Assemblée Générale des associés.

§ 1er La première année ces deux derniers membres seront élus par les associés fondateurs.

§ 2° Les fonctions du Conseil d'Administration sont gratuites.

Article 5° Il y aura, chaque année, une réunion générale des associés, ainsi que des réunions extraordinaires demandées par le Conseil d'Administration ou par la majorité des associés.

§ unique. Dans la première réunion l'assemblée nommera son président.

Article 6° Le Conseil d'Administration choisira, entre les employés de la Banque de Portugal, un fonctionnaire pour présider aux opérations des chambres.

Ce fonctionnaire rendra compte au conseil de tout ce qui se passera. Il pourra être dispensé, substitué ou aidé par un ou plusieurs autres employés, quand le conseil le jugera convenable.

Article 7° Le Conseil d'Administration élaborera un règlement, qui déterminera:

1er Les conditions d'admission des associés à la chambre;

2° Les cas et les procédés d'exclusion des associés;

3° Les garanties que les associés doivent fournir pour le paiement des différences dans les liquidations;

4° Les cotisations des associés pour contribuer aux frais de la Chambre;

5° Le régime des opérations que la Chambre effectuera;

§ unique. Ce règlement, après avoir été voté par les associés fondateurs, sera soumis à l'approbation du Gouvernement.

Article 8° La législation contraire est annulée.

Ministère des Finances, 5 de octobre 1904.

Rodrigo Affonso Pequito.
Conde de Paçô-Vieira.